PRE-SCHOOL

가장 쉬운
초등 영어
교과서
문장 읽기

하루
한 장의
기적

Anne Kim,
Olene Kim
지음

동양북스

저자 **Anne Kim**

한양대 교육학. 숙명여자대학교 TESOL 석사.
연령과 시기에 적절한 영어 교수법을 연구하고 있으며 그간의 노하우를 담은 교재 개발과 강의에 힘쓰고 있다.

저자 **Olene Kim**

미국 Oklahoma City University TESOL 석사.
C2 Archive(씨투 아카이브)라는 교재 개발 기획사를 운영하며, 창의적인 사고 중심의 프로세스를 통해
학습자와 학부모, 교사 모두에게 사랑 받는 어린이 영어교재를 만들고 있다.

가장 쉬운
초등 영어
교과서
문장 읽기

초판 1쇄 인쇄 | 2021년 10월 25일
초판 2쇄 발행 | 2022년 12월 5일

발행인 | 김태웅
편집1팀장 | 황준
디자인 | Design MOON-C
마케팅 | 나재승
제 작 | 현대순
발행처 | (주)동양북스
등 록 | 제 2014-000055호
주 소 | 서울시 마포구 동교로 22길 14 (04030)
구입 문의 | 전화 (02)337-1737
　　　　　팩스 (02)334-6624
내용 문의 | 전화 (02)337-1763
　　　　　dybooks2@gmail.com
ISBN 979-11-5768-749-7 63740
ⓒ Anne Kim, Olene Kim, 2021

 아주 쉬운 패턴 문장으로 읽기 자신감을 키워요!

파닉스와 사이트워드를 떼고 나면 슬슬 영어 리딩을 시작할 때입니다. 본격적인 영어 리딩을 시작하기에 앞서 기초를 다져줄 수 있는 단계가 필요합니다. 우선 리딩을 하려면 어휘력과 문장 이해력이 필수입니다. 이 책은 초등 영어 교과서를 철저히 분석하여 문장 이해력과 어휘력을 높일 수 있도록 구성했습니다. 여기 나오는 패턴만 익혀도 초등 영어 읽기는 자신 있게 할 수 있어요.

패턴 문장으로 읽기가 술술 돼요!

패턴 리딩 학습법은 문장의 뼈대를 이해해서 문장 이해력의 속도를 높이고 이를 통해 문장에 대한 직관력을 높여주는 학습법입니다. 이 책에서는 초등 필수 단어와 필수 문장 패턴을 주제별 스토리에 그대로 연결되도록 구성했습니다. 이렇게 패턴 문장으로 기초를 탄탄히 다지면 이후 읽기 단계를 높여 나갈 때 자신감을 키우는데 도움이 많이 됩니다.

 초등 영어 교과서를 완벽 분석했어요!

초등 영어 교과서를 구성하는 패턴과 단어를 완벽 분석했습니다. 하루 한 패턴씩 공부하다 보면 초등 필수 문장과 초등 필수 단어를 쉽게 익힐 수 있습니다. 또한 친숙한 주제인 쇼핑, 놀이공원, 애완동물 등을 다루고 있어 영어 읽기를 즐겁게 시작할 수 있습니다. 반전의 묘미를 살린 스토리로 흥미롭게 읽을 수 있습니다.

패턴 문장을 통해 문장에 익숙해지고, 자주 나오는 단어를 끼워 넣는 연습을 하다 보면 자신감이 저절로 생깁니다. 패턴에 자신감이 붙으면 나만의 단어로 바꿔 써가면서 서술형 쓰기도 대비할 수 있습니다.

<가장 쉬운 초등 영어 교과서 문장 읽기>와 함께
교과서 공부도~ 리딩도~ 쉽고 재미있게 마스터하세요!

본책의 리딩 패턴과 초등 교과서의 내용 연계표

* 3-1 (3학년 1과)

Reading Pattern	천재	YBM(김)	대교	동아
01 I am **happy**.	4-3	4-2		3-9
02 I'm **ten years old**.		3-11	3-8	4-1
03 This is **my mother**.	4-1	4-1	4-2	4-2
04 She is **pretty**.	3-10	4-3		3-10
05 He is **a doctor**.	4-8		4-4	
06 It is **a pen**.	3-2	3-2	3-2	3-2
07 It's **blue**.	3-6	3-8	3-9	3-11
08 Is it **a cat?**	3-8		3-4	3-4
09 It's **heavy**.	3-8	3-2		
10 How many **apples?**	3-4	3-7	3-5	3-6
11 **Sit down, please**.	3-3		3-3	3-3
12 **Don't touch**.	4-4	3-12	4-9	4-3
13 I have **two ears**.			3-7	
14 Do you have **a pencil?**	3-5	3-10		3-8
15 Is this **your cap?**	4-7	4-5	4-5	

초등 교과서에도 패턴이 있어!
이것만 공부하면
30일 안에 영어 교과서 끝!!

Reading Pattern	천재	YBM(김)	대교	동아
16 I can **swim.**	3-9	3-6	3-10	3-7
17 He can **build.**	3-9	3-6	3-10	3-7
18 Can I **come in?**		4-9		
19 I like **carrots.**	3-7	3-4	3-6	3-5
20 Do you like **fish?**	3-7	3-4		
21 It's on **the chair.**	4-5	4-7	4-8	4-6
22 It's **Sunday.**		4-13	4-6	4-11
23 **The brush is 200 won.**	4-10	4-12	4-10	
24 It's **sunny.**	3-11	3-13	3-11	3-12
25 It's time for **breakfast.**	4-6	4-6	4-3	4-4
26 Let's **play soccer.**	4-2	4-4	4-7	4-7
27 Do you want some **juice?**		4-8		4-10
28 I want **a skirt.**		4-11	4-10	4-9
29 I'm **watching TV.**	4-9	4-10	4-11	4-5
30 She is **cleaning the room.**	4-9	4-10	4-11	4-5

교재의 특징

특징1 초등 영어 교과서 완벽 분석!

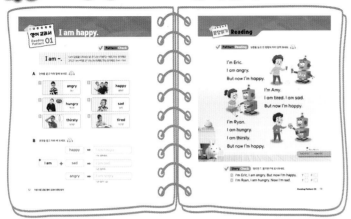

초등 필수 영단어와 문장 패턴을 활용한 리딩 지문을 읽으며 초등 영어 교과서 리딩을 마스터합니다.

특징2 한 달 안에 마스터하는 초등 3-4학년 과정!

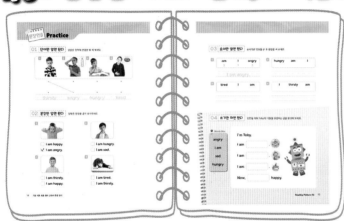

목표 단어와 패턴으로 이루어진 리딩 지문을 읽은 후, 다양한 형식의 연습 문제를 풀어봅니다. 이렇게 30개의 유닛! 한 달 안에 초등 3-4학년의 영어 교과 과정을 마스터 할 수 있습니다.

특징3 학교 시험과 서술형 문제도 놓치지 않아요!

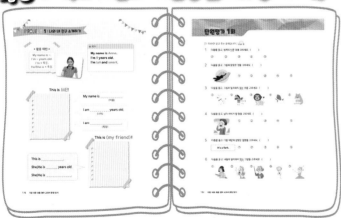

프로젝트 워크시트를 풀며 본문에서 익힌 단어와 문장들이 실생활에 어떻게 적용되는지 알아봅니다. 또한, 단원평가 문제를 풀며 학교 시험은 물론 서술형 문제도 대비합니다.

교재의 구성 및 활용방법

STEP 1. 주요 패턴과 단어를 학습해요.

단어를 듣고 따라 말해 본 후, 목표 패턴 문장에 넣어 문장을 만들어 봅니다.

STEP 2. 리딩 지문을 읽고 내용을 확인합니다.

단어와 문장 패턴이 접목된 문장들로 이루어진 리딩 지문을 읽어봅니다. 지문의 내용을 간단한 Story Check을 풀며 확인합니다.

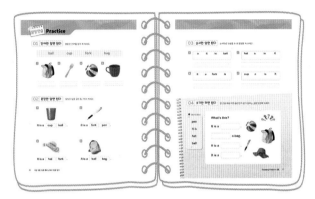

STEP 3. 단어와 문장을 연습문제를 통해 익혀요.

다양한 연습문제를 풀며 목표 단어와 문장을 익힙니다.

STEP 4. 쓰기로 한 번 더!

본문에서 학습한 단어와 문장 패턴을 활용해 하나의 글을 완성해 봅니다.

STEP 5. 리뷰로 마무리해요.

학습한 단어와 문장 패턴을 리뷰 페이지를 통해 복습합니다.

특별 부록 3가지

★ 단어 & 패턴 쓰기 노트

★ Project 워크시트

★ 단원평가 1회, 2회

목차

초등 교과서 잡는 **리딩 패턴**

영어를 배울 때 가장 먼저 배우는 것이 바로 인사입니다.
만날 때 하는 다양한 영어 인사말과 자신을 소개하는 말을 읽어 보세요.

☑️ 안부를 묻고 자기 소개 하는 인사

Nice to meet you!
만나서 반가워요!

Hello.
안녕(하세요).

My name is Anna.
제 이름은 애나예요.

How are you?
잘 지내시나요?

Nice to meet you, too!
저도 만나서 반가워요!

Hi!
안녕(하세요)!

I'm _____.
나는 (나의 이름)예요.

I'm good.
저는 잘 지내요.

☑️ 시간에 따라 쓸 수 있는 인사

Good morning!
좋은 아침이에요!

Good afternoon!
좋은 오후예요!

Good evening!
좋은 저녁이에요!

Good morning!
좋은 아침이에요!

Good afternoon!
좋은 오후예요!

Good evening!
좋은 저녁이에요!

☑ 헤어질 때 하는 인사

Good-bye!
잘 가요!

See you soon.
곧 또 봐요.

Take care.
잘 지내요.

Have a nice day!
좋은 하루 보내세요!

Bye-bye.
안녕히 가세요.

See you.
또 봐요.

You, too.
당신도요.

Have a nice day!
좋은 하루 보내세요!

☑ 잠 자러 가기 전에 하는 인사

Good night!
잘 자거라!

Good night!
안녕히 주무세요!

I am happy.

영어 교과서 Reading Pattern **01**

Pattern Check

I am ~. 'I am+감정을 나타내는 말.'은 '나는 (기분이) ~해요.'라는 뜻이에요.
그리고 'I am+이름.'은 '나는 (누구)예요.'라는 뜻이에요. (I am = I'm)

A 단어를 듣고 따라 말해 보세요. MP3 01

1 **angry** 화난	2 **happy** 행복한
3 **hungry** 배고픈	4 **sad** 슬픈
5 **thirsty** 목마른	6 **tired** 피곤한

B 문장을 듣고 따라 써 보세요. MP3 02

happy ➡ I am happy.
나는 행복해요.

★ I am + sad ➡ I am sad.
나는 슬퍼요.

angry ➡ I am angry.
나는 화가 나요.

 **문장읽기 Reading**

 Pattern Reading 본문을 듣고 한 문장씩 따라 읽어 보세요.

I'm Eric.

I am angry.

But now I'm happy.

I'm Amy.

I am tired. I am sad.

But now I'm happy.

I'm Ryan.

I am hungry.

I am thirsty.

But now I'm happy.

New Words

but 하지만   now 이제

 Story Check 맞으면 T, 틀리면 F에 표시하세요.

1 I'm Eric. I am angry. But now I'm happy.   T ☐ F ☐
2 I'm Ryan. I am hungry. Now I'm sad.   T ☐ F ☐

Practice

문장연습

01 **단어만 알면 된다** 알맞은 단어에 연결한 후 써 보세요.

thirsty   angry   hungry   tired

02 **문장만 알면 된다** 알맞은 문장을 골라 표시하세요.

1

☐ I am happy.
✓ I am angry.

2

☐ I am hungry.
☐ I am sad.

3

☐ I am thirsty.
☐ I am happy.

4

☐ I am tired.
☐ I am thirsty.

03 순서만 알면 된다 순서대로 번호를 쓴 후 문장을 써 보세요.

1

am	I	angry
2	1	3

I am angry.

2

hungry	am	I

3

tired	I	am

4

I	thirsty	am

04 쓰기만 하면 된다 빈칸을 채워 Toby의 기분을 표현하는 글을 완성해 보세요.

Words Box

angry

I am

sad

hungry

I'm Toby.

I am ____ .

I am ____ .

I am ____ .

Now, ____ happy.

I'm ten years old.

영어 교과서
Reading
Pattern 02

I'm ~ years old.

'I'm+숫자+years old.'는 '나는 ~살이에요.'라는 뜻으로,
How old are you?(너는 몇 살이니?)의 대답으로 사용해요.

A 단어를 듣고 따라 말해 보세요. MP3 04

1	7 **seven** 일곱	2	8 **eight** 여덟
3	9 **nine** 아홉	4	10 **ten** 열
5	11 **eleven** 열하나	6	12 **twelve** 열둘

B 문장을 듣고 따라 써 보세요. MP3 05

seven years old ➡ I'm seven years old.
나는 일곱 살이에요.

★ I'm ➕ ten years old ➡ I'm ten years old.
나는 열 살이에요.

twelve years old ➡ I'm twelve years old.
나는 열두 살이에요.

 Pattern Reading　본문을 듣고 한 문장씩 따라 읽어 보세요.

How old are you?

I'm twelve years old.

I'm eight years old.

I'm nine years old.

I'm ten years old.

I'm eleven years old.

How old are you?

I'm seven years old.

But I'm happy.

 Story Check　빈칸에 알맞은 말을 고르세요.

 How old are you?　I'm _____ years old.

ⓐ seven　　　ⓑ nine　　　ⓒ eleven

01 | **단어만 알면 된다** | 알맞은 단어를 찾아 써 보세요.

seven eleven ten eight

1 11

2 10

3 7

4 8

‥‥‥‥‥‥‥‥‥‥‥‥‥‥‥‥‥‥‥‥‥‥‥‥‥‥‥‥

02 | **문장만 알면 된다** | 알맞은 말을 골라 동그라미 하세요.

1

I'm nine / seven years old.

2

I'm twelve / eleven years old.

3

I'm eight / ten years old.

4

I'm eight / eleven years old.

순서만 알면 된다 순서대로 번호를 쓴 후 문장을 써 보세요.

1

eight	I	years old	am

....

2

years old	am	I	twelve

....

3

I	ten	am	years old

....

4

nine	am	I	years old

....

04 **쓰기만 하면 된다** 빈칸을 채워 나이를 소개하는 글을 완성해 보세요.

● Words Box

ten

twelve

eight

I am Sam.

I'm [   ] years old.

8

I am Julia.

I'm [   ] years old.

10

I am Tom.

I'm [   ] years old.

12

This is my mother.

영어 교과서
Reading Pattern **03**

This is ~.

'This is+사람을 나타내는 말.'은 '이 사람은 ~예요.'라는 의미로 상대방에게 누군가를 소개할 때 사용하는 표현이에요.

A 단어를 듣고 따라 말해 보세요. MP3 07

1 **father** 아버지 **dad** 아빠

2 **mother** 어머니 **mom** 엄마

3 **grandfather** (=grandpa) 할아버지

4 **grandmother** (=grandma) 할머니

5 **brother** 남자 형제

6 **sister** 여자 형제

B 문장을 듣고 따라 써 보세요. MP3 08

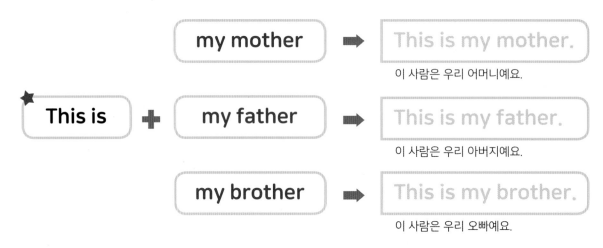

my mother ➡ This is my mother.
이 사람은 우리 어머니예요.

★ **This is** ➕ **my father** ➡ This is my father.
이 사람은 우리 아버지예요.

my brother ➡ This is my brother.
이 사람은 우리 오빠예요.

 Pattern **Reading** 본문을 듣고 한 문장씩 따라 읽어 보세요. MP3 09

This is my mother.

This is my father.

This is my grandmother.

This is my grandfather.

This is my little brother.

This is my big sister.

And me.

My super family.

New Words

little 어린   big 나이가 더 많은   me 나(를)   supper family 대단한 가족

Story **Check** 맞으면 T, 틀리면 F에 표시하세요.

1 This is my father.   T ☐ F ☐

2 This is my grandfather.   T ☐ F ☐

01 단어만 알면 된다 알맞은 단어에 연결한 후 써 보세요.

grandmother   father   brother   sister

02 문장만 알면 된다 알맞은 문장을 골라 표시하세요.

1

☐ This is my father.
☐ This is my mother.

2

☐ This is my grandmother.
☐ This is my grandfather.

3

☐ This is my sister.
☐ This is my mother.

4

☐ This is my father.
☐ This is my brother.

03 순서만 알면 된다 순서대로 번호를 쓴 후 문장을 써 보세요.

1

is	This	my	sister

....

2

is	my	brother	This

....

3

my	grandmother	This	is

....

4

This	my	mother	is

....

04 쓰기만 하면 된다 빈칸을 채워 가족을 소개하는 글을 완성해 보세요.

Words Box

my sister

This

mother

is

Words | meet 만나다

Meet my family.

This is my [   ].

[   ] is my father.

This [   ] my grandfather.

This is [   ].

me

She is pretty.

영어 교과서 Reading Pattern **04**

She/He is ~.

'She/He is+외모/성격을 나타내는 말.'은 '그녀는/그는 ~하다.'라는 뜻으로 사람을 묘사할 때 써요.

A 단어를 듣고 따라 말해 보세요. (MP3 10)

1 pretty
예쁜

2 tall
키가 큰

3 strong
힘센

4 kind
친절한

5 smart
똑똑한

6 funny
웃기는

B 문장을 듣고 따라 써 보세요. (MP3 11)

pretty ➡ She is pretty.
그녀는 예뻐요.

★ She is + smart ➡ She is smart.
그녀는 똑똑해요.

kind ➡ She is kind.
그녀는 친절해요.

 Pattern Reading   본문을 듣고 한 문장씩 따라 읽어 보세요.

This is Anna.

She is pretty.

She is tall.

She is kind to me.

This is Tony.

He is strong.

He is smart.

He is always funny.

New Words

to me 나에게   always 항상

 Story Check   빈칸에 알맞은 말을 고르세요.

1 Anna is _____.   ⓐ strong   ⓑ pretty

2 Tony is _____.   ⓐ funny   ⓑ tall

문장연습 Practice

01 단어만 알면 된다
알맞은 단어를 찾아 써 보세요.

strong   funny   tall   kind

1

2

3

4

02 문장만 알면 된다
알맞은 말을 골라 동그라미 하세요.

1

She is | tall / strong | .

2

He is | pretty / smart | .

3

She is | kind / strong | .

4

He is | funny / kind | .

03 순서만 알면 된다 순서대로 번호를 쓴 후 문장을 써 보세요.

1

She	smart	is

....

2

funny	is	He

....

3

is	tall	She

....

4

is	strong	He

....

04 쓰기만 하면 된다 빈칸을 채워 부모님을 소개하는 글을 완성해 보세요.

Words Box

strong

He is

kind

is

She ☐ my mom.

She is ☐ .

☐ my dad.

He is ☐

and always funny.

영어 교과서 Reading Pattern 05

He is a doctor.

Pattern Check

He/She is ~.

'He/She is+직업을 나타내는 말.'은 '그는/그녀는 (직업이) ~예요.'라는 뜻이에요.

A 단어를 듣고 따라 말해 보세요. MP3 13

1 
doctor 의사

2 
cook 요리사

3 
firefighter 소방관

4 
dancer 댄서

5 
teacher 교사

6 
singer 가수

B 문장을 듣고 따라 써 보세요. MP3 14

He is + a doctor ➡ He is a doctor.
그는 의사예요.

He is + a cook ➡ He is a cook.
그는 요리사예요.

He is + a singer ➡ He is a singer.
그는 가수예요.

 Pattern Reading 본문을 듣고 한 문장씩 따라 읽어 보세요.

This is my family.

Grandpa! He is a doctor.
Grandma! She is a cook.

Father! He is a firefighter.
Mother! She is a teacher.

And my little brother!
He is a singer and a dancer.

 Story Check 맞으면 T, 틀리면 F에 표시하세요.

1 My grandpa is a cook. T ☐ F ☐
2 My mother is a teacher. T ☐ F ☐

01 단어만 알면 된다

알맞은 단어에 연결한 후 써 보세요.

teacher   singer   doctor   firefighter

02 문장만 알면 된다

알맞은 문장을 골라 표시하세요.

1

☐ He is a doctor.
☐ She is a cook.

2

☐ She is a dancer.
☐ He is a doctor.

3

☐ She is a teacher.
☐ He is a cook.

4

☐ She is a singer.
☐ He is a firefighter.

1

is	a firefighter	He

_____

2

He	a cook	is

_____

3

a singer	She	is

_____

4

is	a doctor	She

_____

04 쓰기만 하면 된다 빈칸을 채워 친구들의 장래희망에 대한 글을 완성해 보세요.

● Words Box

He is

She is

singer

doctor

Jin! He is a ⬚ .

Tom! ⬚

a firefighter.

Lucy! She is a ⬚ .

Jenny! ⬚ a cook.

A 알맞은 단어를 보기에서 찾아 쓰세요.

seven   father   doctor   grandmother   happy   tall

B 알맞은 단어를 골라 문장을 완성하세요.

This is my _____. | mother | sister |

He is _____. | kind | smart |

She is a _____. | firefighter | dancer |

She is _____ years old. | nine | ten |

I am _____. | sad | thirsty |

C 알맞은 단어를 써서 대화를 완성해 보세요.

A: _____ old are you?

B: I am eleven _____.

A: This is Julia.

B: She is _____.

A: This is my _____.

B: He is _____.

father	years old	How	tall	smart

D 알맞은 말을 골라 이야기를 완성해 보세요.

This is my father.

He is a _____.

He is kind.

_____ smart.

Hi!

I _____ Anna.

I'm eight _____ old.

I'm _____.

years	happy	doctor	He is	am

It is a pen.

It is ~.

'It is+물건 이름.'은 '그것은 ~예요.'라는 의미예요. What's this? (이것은 무엇인가요?)에 대한 대답이에요. (It is = It's)

A 단어를 듣고 따라 말해 보세요. (MP3 16)

1. **hat** 모자
2. **bag** 가방
3. **pen** 펜
4. **ball** 공
5. **fork** 포크
6. **cup** 컵

B 문장을 듣고 따라 써 보세요. (MP3 17)

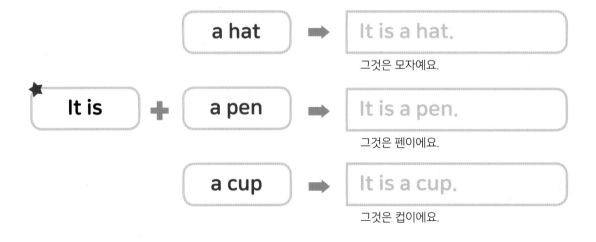

a hat ➡ It is a hat.
그것은 모자예요.

⭐ It is + a pen ➡ It is a pen.
그것은 펜이에요.

a cup ➡ It is a cup.
그것은 컵이에요.

 Pattern Reading 본문을 듣고 한 문장씩 따라 읽어 보세요.

What's this?

It is a hat. It is a bag.

And it is a pen.

What's this?

It is a ball. It is a fork.

And it is a cup.

It can be anything!

📌 **New Words**

can be 될 수 있다   anything 무엇이든

 Story Check 빈칸에 알맞은 말을 고르세요.

 What's this?  It is a _____.

 ⓐ hat   ⓑ pen   ⓒ fork

문장연습 Practice

01 단어만 알면 된다   알맞은 단어를 찾아 써 보세요.

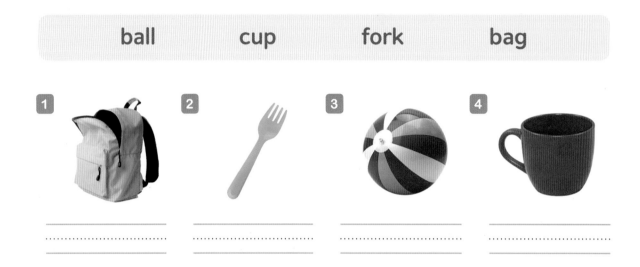

ball   cup   fork   bag

02 문장만 알면 된다   알맞은 말을 골라 동그라미 하세요.

1   It is a [cup] [ball] .

2   It is a [fork] [pen] .

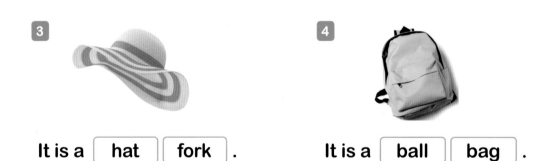

3   It is a [hat] [fork] .

4   It is a [ball] [bag] .

03 순서만 알면 된다 순서대로 번호를 쓴 후 문장을 써 보세요.

1

a	It	is	ball

....

2

hat	a	is	It

....

3

It	a	fork	is

....

4

cup	a	is	It

....

04 쓰기만 하면 된다 빈칸을 채워 어떤 물건인지 묻고 답하는 글을 완성해 보세요.

Words Box

pen

It is

hat

ball

What's this?

It is a [   ].

[   ] a bag.

It is a [   ].

It is a [   ].

It's blue.

 **Pattern Check**

It's ~.

'It's+색깔.'은 '그것은 ~색이에요.'라는 의미예요.

A 단어를 듣고 따라 말해 보세요. MP3 19

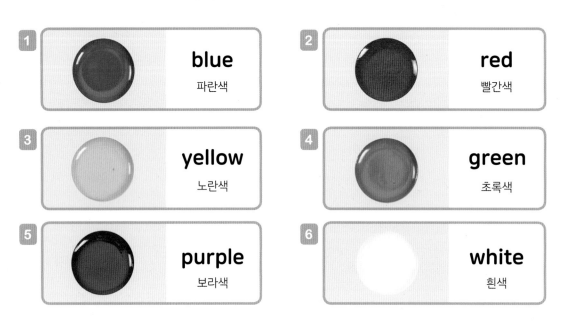

1. **blue** 파란색
2. **red** 빨간색
3. **yellow** 노란색
4. **green** 초록색
5. **purple** 보라색
6. **white** 흰색

B 문장을 듣고 따라 써 보세요. MP3 20

blue ➡ It's blue.
그것은 파란색이에요.

★ It's + red ➡ It's red.
그것은 빨간색이에요.

green ➡ It's green.
그것은 초록색이에요.

 Pattern Reading 본문을 듣고 한 문장씩 따라 읽어 보세요.

Look at the balloons.

It's blue. It's red.

It's blue and red, too.

It's yellow. It's green.

It's yellow and green, too.

It's purple. It's white.

It's purple and white, too.

It's fun!

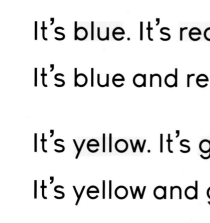

📍 New Words

balloon 풍선　　fun 재미있는　　too ...도 (또한)

 Story Check 무엇에 관한 이야기인가요?

This story is about _____.

ⓐ food　　　　　ⓑ colors　　　　　ⓒ friends

01 단어만 알면 된다
알맞은 단어에 연결한 후 써 보세요.

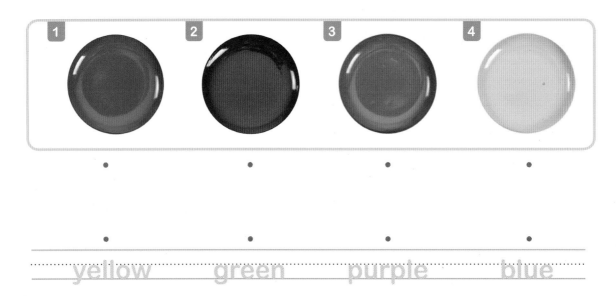

yellow   green   purple   blue

02 문장만 알면 된다
알맞은 문장을 골라 표시하세요.

1

☐ It's red.
☐ It's yellow.

2

☐ It's white.
☐ It's green.

3

☐ It's blue.
☐ It's red.

4

☐ It's yellow.
☐ It's purple.

03 순서만 알면 된다
순서대로 번호를 쓴 후 문장을 써 보세요.

1

blue	It	is

....

2

It	yellow	is

....

3

is	It	purple

....

4

It	red	is

....

04 쓰기만 하면 된다
빈칸을 채워 색깔을 나타내는 글을 완성해 보세요.

Words Box

yellow

blue

it's

green

Words | Many colors!
많은 색!

Many colors!

It's ⬤ [_____].

It's ⬤ [_____].

It's ⬤ [_____].

And ⬤ [_____] white!

Is it a cat?

✓ **Pattern Check**

Is it ~?

'Is it ~?'은 '그것은 ~인가요?'라는 뜻으로, 내가 생각하는 것이 맞는지 확인할 때 사용하는 의문문이에요.

A 단어를 듣고 따라 말해 보세요.

1	cat 고양이	2	dog 개
3	bird 새	4	zebra 얼룩말
5	lion 사자	6	monkey 원숭이

B 문장을 듣고 따라 써 보세요.

a cat ➡ Is it a cat?
그것은 고양이인가요?

★ Is it + a bird ➡ Is it a bird?
그것은 새인가요?

a monkey ➡ Is it a monkey?
그것은 원숭이인가요?

 Pattern Reading 본문을 듣고 한 문장씩 따라 읽어 보세요.

What animal is this?

Is it a cat?

Is it a bird?

Is it a zebra?

Is it a monkey?

Grrrrrr~ Is it a lion?

No, it isn't.

Is it a dog?

Yes, it is.

It's my pet dog!

New Words

pet 애완동물

 Story Check 빈칸에 알맞은 말을 고르세요.

 Is it a _____?   Yes, it is.

ⓐ bird   ⓑ monkey   ⓒ dog

01 단어만 알면 된다   알맞은 단어를 찾아 써 보세요.

| zebra | monkey | bird | dog |

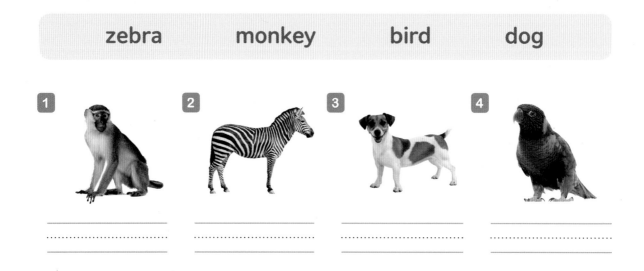

1 ....
....

2 ....
....

3 ....
....

4 ....
....

02 문장만 알면 된다   알맞은 말을 골라 동그라미 하세요.

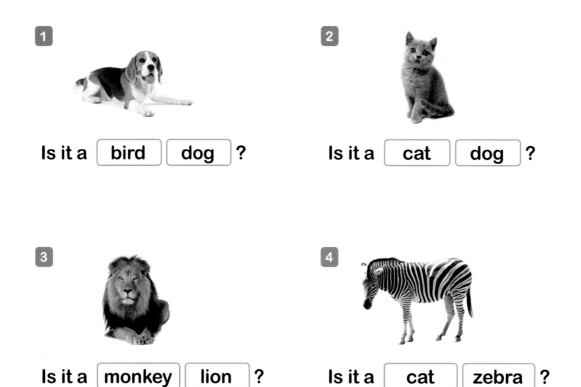

1 Is it a [bird] [dog] ?

2 Is it a [cat] [dog] ?

3 Is it a [monkey] [lion] ?

4 Is it a [cat] [zebra] ?

1 | a | monkey | Is | it |

2 | lion | Is | it | a |

3 | cat | it | Is | a |

4 | Is | a | zebra | it |

04 쓰기만 하면 된다   빈칸을 채워 어떤 동물인지 확인하는 글을 완성해 보세요.

Words Box–

lion

zebra

Is it

bird

What animal is this?

Is it a   [ ] ?

Is it a   [ ] ?

Is it a   [ ] ?

[ ] a monkey?

Yes, it is.

It's heavy.

Pattern Check

It's ~.

'It's+상태를 나타내는 말.'은 '그것은 ~해요.'라는 뜻으로, 사람 혹은 물건의 성질이나 상태를 나타낼 때 사용해요.

A 단어를 듣고 따라 말해 보세요. MP3 25

1 **heavy**
무거운

2 **light**
가벼운

3 **hard**
딱딱한

4 **soft**
부드러운

5 **dirty**
더러운

6 **clean**
깨끗한

B 문장을 듣고 따라 써 보세요. MP3 26

heavy ➡ It's heavy.
그것은 무거워요.

It's + hard ➡ It's hard.
그것은 딱딱해요.

clean ➡ It's clean.
그것은 깨끗해요.

 Pattern Reading 본문을 듣고 한 문장씩 따라 읽어 보세요.

 Show-and-Tell

It's light. Sometimes it's heavy.
What is it? It's cotton.

It's soft. Sometimes it's hard.
What is it? It's clay.

It's dirty. Sometimes it's clean.
What is it? My shoes.

New Words

show-and-tell 각자 물건을 가져 와서 발표하기
sometimes 때때로   cotton 솜

 Story Check 맞으면 T, 틀리면 F에 표시하세요.

1 Cotton is light. Sometimes it's heavy. T ☐ F ☐
2 Clay is dirty. Sometimes it's clean. T ☐ F ☐

01 단어만 알면 된다
알맞은 단어에 연결한 후 써 보세요.

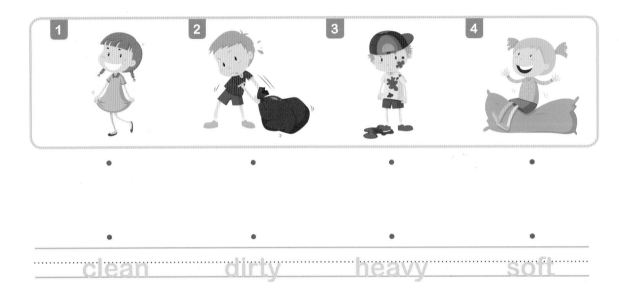

clean   dirty   heavy   soft

02 문장만 알면 된다
알맞은 문장을 골라 표시하세요.

1

☐ It's light.
☐ It's heavy.

2

☐ It's hard.
☐ It's soft.

3

☐ It's clean.
☐ It's dirty.

4

☐ It's hard.
☐ It's soft.

03 순서만 알면 된다
순서대로 번호를 쓴 후 문장을 써 보세요.

1

light	It	is

....

2

is	soft	It

....

3

is	It	dirty

....

4

heavy	is	It

....

04 쓰기만 하면 된다
빈칸을 채워 상태나 성질을 나타내는 글을 완성해 보세요.

Words Box

heavy

hard

soft

light

This is my robot, Domi!

It's [   ] . It's [   ] .

This is my pet cat, Loki!

It's [   ] .

It's [   ] .

영어 교과서
Reading Pattern **10**

How many apples?

☑ **Pattern Check**

How many ~?

'How many ~?'는 '~이 몇 개예요?'라는 의미로, 개수를 물을 때 사용해요. How many 다음에는 apples, pears처럼 복수형태가 와요.

A 단어를 듣고 따라 말해 보세요. (MP3 28)

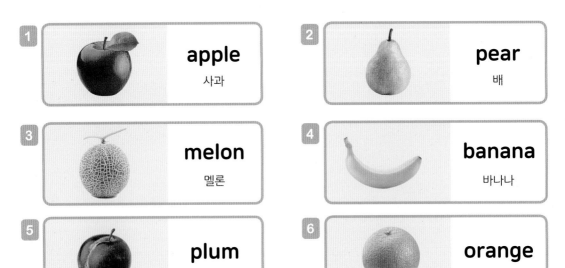

1	**apple** 사과	2	**pear** 배
3	**melon** 멜론	4	**banana** 바나나
5	**plum** 자두	6	**orange** 오렌지

B 문장을 듣고 따라 써 보세요. (MP3 29)

apples ➡ How many apples?
사과가 몇 개인가요?

★ How many + pears ➡ How many pears?
배가 몇 개인가요?

oranges ➡ How many oranges?
오렌지가 몇 개인가요?

 Pattern Reading 본문을 듣고 한 문장씩 따라 읽어 보세요.

Let's go shopping.

How many apples?

How many pears?

One, two, three ...

How many melons?

One is enough.

How many bananas?

How many oranges?

One, two, three ...

How many plums?

One is enough.

New Words

go shopping 물건을 사러 가다   enough 충분한

 Story Check 빈칸에 알맞은 말을 고르세요.

1 How many _____? ⓐ apples ⓑ melons

2 How many _____? ⓐ pears ⓑ plums

문장연습 Practice

01 단어만 알면 된다 알맞은 단어를 찾아 써 보세요.

| banana | plum | pear | melon |

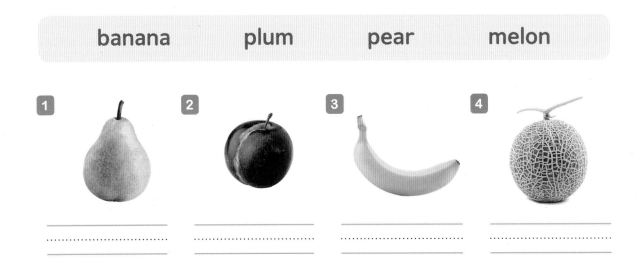

1 _____

2 _____

3 _____

4 _____

02 문장만 알면 된다 알맞은 말을 골라 동그라미 하세요.

1 How many | oranges / apples | ?

2 How many | oranges / plums | ?

3 How many | melons / pears | ?

4 How many | melons / bananas | ?

순서대로 번호를 쓴 후 의문문을 써 보세요.

1

many	How	apples

....

2

bananas	How	many

....

3

How	plums	many

....

4

many	pears	How

....

04 쓰기만 하면 된다 빈칸을 채워 개수를 묻는 글을 완성해 보세요.

● Words Box-

How

bananas

many

apples

Words I ready 준비가 된

Let's make salad.

How many [   ] ?

[   ] many melons?

How many [   ] ?

How [   ] plums?

Okay, now we are ready.

A 알맞은 단어에 동그라미하고 써 보세요.

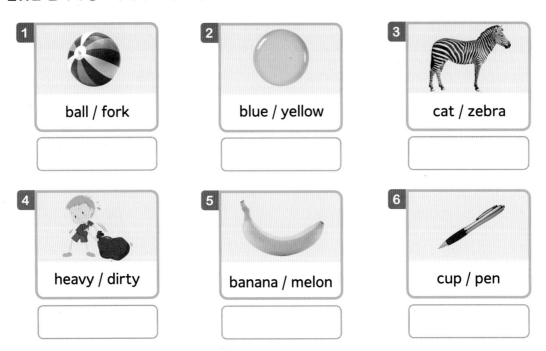

1	2	3
ball / fork	blue / yellow	cat / zebra

4	5	6
heavy / dirty	banana / melon	cup / pen

B 알맞은 문장과 연결하고 읽어 보세요.

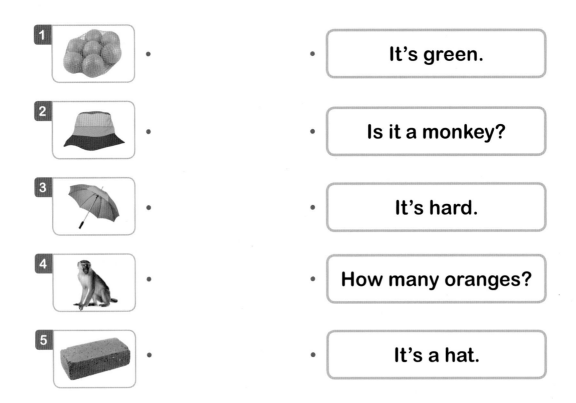

1. •   •   It's green.

2. •   •   Is it a monkey?

3. •   •   It's hard.

4. •   •   How many oranges?

5. •   •   It's a hat.

C 알맞은 단어를 써서 대화를 완성해 보세요.

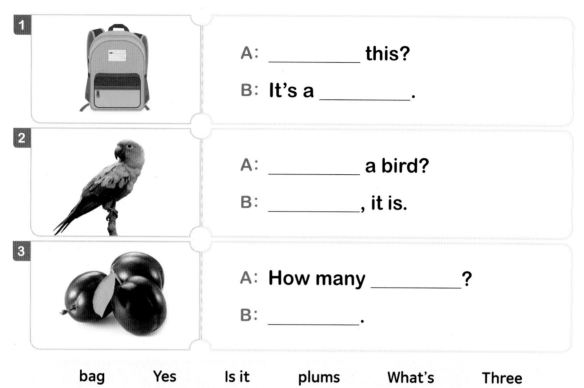

1

A: _____ this?

B: It's a _____.

2

A: _____ a bird?

B: _____, it is.

3

A: How many _____?

B: _____.

| bag | Yes | Is it | plums | What's | Three |

D 알맞은 단어를 골라 이야기를 완성해 보세요.

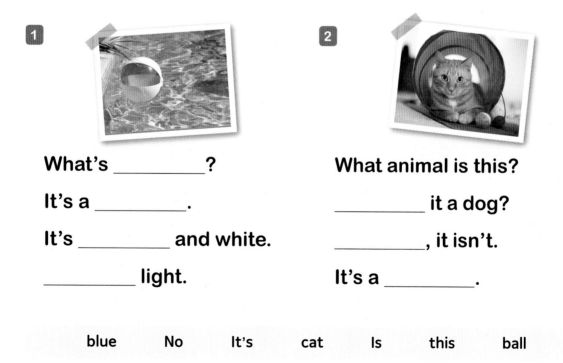

1

What's _____?

It's a _____.

It's _____ and white.

_____ light.

2

What animal is this?

_____ it a dog?

_____, it isn't.

It's a _____.

| blue | No | It's | cat | Is | this | ball |

Sit down, please.

Pattern Check

~, please.

'동작을 나타내는 말,+please.'는 '~하세요.'라는 뜻으로 동작을 요청하거나 지시할 때 사용해요.

A 단어를 듣고 따라 말해 보세요. (MP3 31)

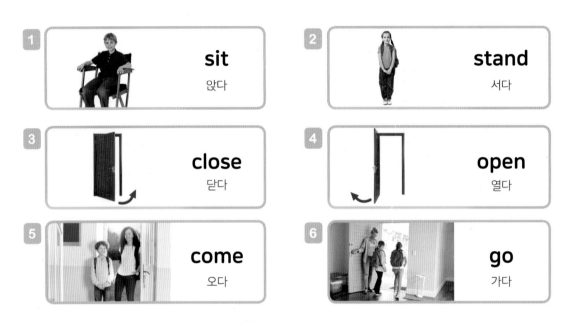

1. **sit** 앉다
2. **stand** 서다
3. **close** 닫다
4. **open** 열다
5. **come** 오다
6. **go** 가다

B 문장을 듣고 따라 써 보세요. (MP3 32)

| Stand up, | ➡ | Stand up, please. |
| | | 일어나세요. |

| Close the door, | + ★ please | ➡ | Close the door, please. |
| | | | 문을 닫으세요. |

| Go out, | ➡ | Go out, please. |
| | | 밖으로 나가세요. |

 Pattern Reading 본문을 듣고 한 문장씩 따라 읽어 보세요.

Hello, monsters!

Stand up, please.

Sit down, please.

Open the door, please.

Close the door, please.

Come in, please.

Go out, please.

You are bad, bad monsters!

New Words

monster 괴물   bad 나쁜

 Story Check 맞으면 T, 틀리면 F에 표시하세요.

1. Open the door, please.   T ☐   F ☐
2. Stand up, please.   T ☐   F ☐

01 단어만 알면 된다 알맞은 단어에 연결한 후 써 보세요.

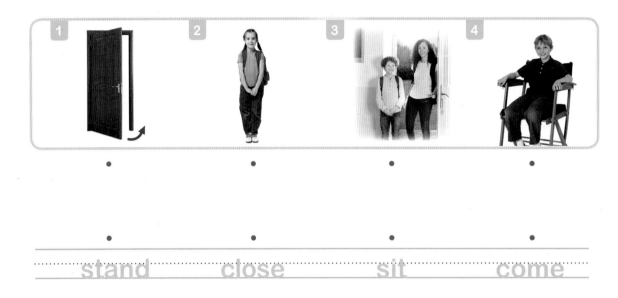

stand   close   sit   come

02 문장만 알면 된다 알맞은 문장을 골라 표시하세요.

☐ Stand up, please.

☐ Open the door, please.

☐ Come in, please.

☐ Sit down, please.

☐ Sit down, please.

☐ Stand up, please.

☐ Close the door, please.

☐ Go out, please.

순서만 알면 된다 순서대로 번호를 쓴 후 문장을 써 보세요.

1

please	up,	Stand

....

2

Close	please	the door,

....

3

the door,	please	Open

....

4

Go	please	out,

....

04 **쓰기만 하면 된다** 빈칸을 채워 지시하는 글을 완성해 보세요.

Words Box

Open

please

Go

Sit

Stand up, please.

_____ down, please.

_____ the door, please.

Close the door, please.

Come in, _____ .

_____ out, please.

Don't touch.

Don't ~.

'Don't+행동을 나타내는 말.'은 '~하지 마세요.'라는 의미로, 공공장소에서 지켜야 할 규칙 등을 말할 때 사용해요. (Don't = Do not)

A 단어를 듣고 따라 말해 보세요. 🎧MP3 34

1	**touch** 만지다	2	**feed** 먹이를 주다
3	**enter** 들어가다	4	**push** 밀다
5	**run** 달리다	6	**climb** 오르다

B 문장을 듣고 따라 써 보세요. 🎧MP3 35

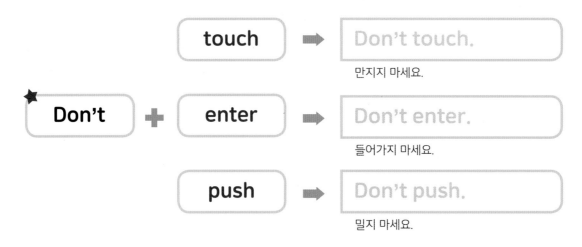

touch ➡ Don't touch.
만지지 마세요.

Don't + enter ➡ Don't enter.
들어가지 마세요.

push ➡ Don't push.
밀지 마세요.

 Pattern Reading   본문을 듣고 한 문장씩 따라 읽어 보세요.

Welcome to Happy Zoo.

"Don't touch the animals.

Don't feed the animals.

Don't enter.

Don't push.

Don't climb."

Now, let's go in!

"Don't run, Ryan!"

New Words

zoo 동물원   animal 동물

 Story Check   문장에 맞는 표지판을 고르세요.

1 Don't touch the animals.   a   b

2 Don't push.   a   b

Practice

01 **단어만 알면 된다** 알맞은 단어를 찾아 써 보세요.

run　　　touch　　　climb　　　feed

02 **문장만 알면 된다** 알맞은 말을 골라 동그라미 하세요.

1　Don't [enter / feed] .

2　Don't [climb / run] .

3　Don't [feed / touch] the animals.

4　Don't [touch / climb] .

순서만 알면 된다 순서대로 번호를 쓴 후 문장을 써 보세요.

1

Do	enter	not

2

not	Do	push

3

run	Do	not

4

climb	not	Do

----

04 **쓰기만 하면 된다** 빈칸을 채워 박물관 규칙에 관한 글을 완성해 보세요.

Words Box

Don't

climb

run

push

Words | eat 먹다

Don't touch.

Don't [   ] .

[   ] eat.

Don't [   ] .

Don't [   ] .

I have two ears.

✔️ **Pattern Check**

I have ~.

'I have+명사.'는 '나는 ~을 가지고 있어요.'라는 의미예요. 여기서는 '(신체부분)이 있어요.'라는 의미로 쓰였어요.

A 단어를 듣고 따라 말해 보세요. (MP3 37)

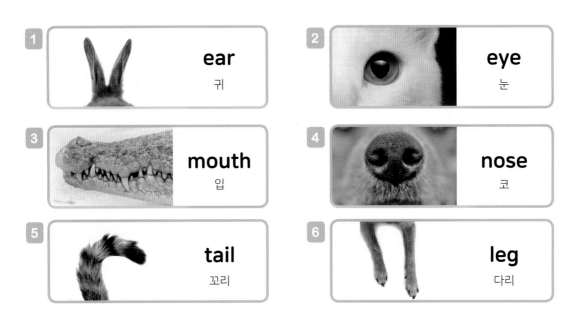

1	ear 귀	2	eye 눈
3	mouth 입	4	nose 코
5	tail 꼬리	6	leg 다리

B 문장을 듣고 따라 써 보세요. (MP3 38)

eyes ➡ I have eyes.
나는 눈이 있어요.

★ I have ➕ a nose ➡ I have a nose.
나는 코가 있어요.

ears ➡ I have ears.
나는 귀가 있어요.

 Pattern Reading   본문을 듣고 한 문장씩 따라 읽어 보세요.

I have two ears.

I have two eyes.

I have a mouth and a nose.

I have a tail.

I have four legs.

I like running.

I am a little pet.

Who am I?

Answer: hamster

New Words

like 좋아하다   run 달리다   who 누구

 Story Check   맞으면 T, 틀리면 F에 표시하세요.

1 I have two legs.   T ☐   F ☐
2 I have a tail.   T ☐   F ☐

 01 | **단어만 알면 된다**   알맞은 단어에 연결한 후 써 보세요.

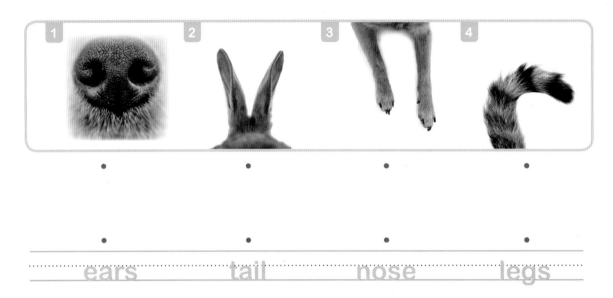

ears   tail   nose   legs

02 | **문장만 알면 된다**   알맞은 문장을 골라 표시하세요.

1

☐ I have two eyes.
☐ I have no eyes.

2

☐ I have two legs.
☐ I have four legs.

3

☐ I have a tail.
☐ I have two tails.

4

☐ I have a nose.
☐ I have no nose.

03 순서만 알면 된다   순서대로 번호를 쓴 후 문장을 써 보세요.

1

have	I	two	eyes

....

2

I	have	legs	four

....

3

a	I	have	mouth

....

4

have	I	tail	a

....

04 쓰기만 하면 된다   빈칸을 채워 동물의 신체에 관한 글을 완성해 보세요.

Words Box

- nose
- legs
- I have
- eyes

Words | king 왕
jungle 정글

I have two ⬚ .

⬚ two ears.

I have a ⬚ and

a mouth.

I have four ⬚ .

I am the king of the jungle.

Do you have a pencil?

Pattern Check

Do you have ~?

'Do you have+사물?'은 '~을 가지고 있니?'라는 의미예요.
긍정일 때는 Yes, I do.로, 부정일 때는 No, I don't.으로 답해요.

A 단어를 듣고 따라 말해 보세요. (MP3 40)

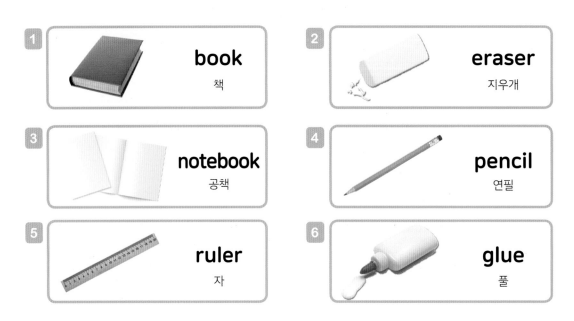

1 **book** 책

2 **eraser** 지우개

3 **notebook** 공책

4 **pencil** 연필

5 **ruler** 자

6 **glue** 풀

B 문장을 듣고 따라 써 보세요. (MP3 41)

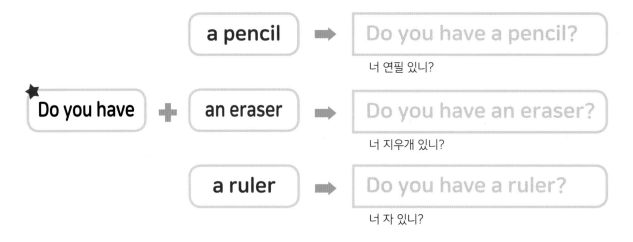

a pencil ➡ Do you have a pencil?
너 연필 있니?

★ Do you have ➕ an eraser ➡ Do you have an eraser?
너 지우개 있니?

a ruler ➡ Do you have a ruler?
너 자 있니?

 Pattern Reading   본문을 듣고 한 문장씩 따라 읽어 보세요. MP3 42

Oh, no!

This is my brother's bag.

Do you have a book?

Do you have an eraser?

Do you have a notebook?

Do you have a pencil?

Do you have a ruler?

Do you have glue?

Yes, I do.

You are very kind.

 Story Check   빈칸에 알맞은 말을 고르세요.

1. Do you have _____ ?   ⓐ a book   ⓑ an eraser

2. Do you have _____ ?   ⓐ glue   ⓑ a ruler

Practice

01 **단어만 알면 된다** 알맞은 단어를 찾아 써 보세요.

glue   eraser   book   pencil

02 **문장만 알면 된다** 알맞은 말을 골라 동그라미 하세요.

1 Do you have | a notebook / an eraser | ?

2 Do you have | a pencil / a ruler | ?

3 Do you have | a pencil / a book | ?

4 Do you have | glue / an eraser | ?

순서만 알면 된다 순서대로 번호를 쓴 후 의문문을 써 보세요.

1

have	a book	Do	you

_____

2

you	have	Do	a pencil

_____

3

an eraser	Do	you	have

_____

4

have	you	Do	glue

_____

04 **쓰기만 하면 된다** 빈칸을 채워 개학 준비에 관한 글을 완성해 보세요.

Words Box

Do you

have

Do

pencil

Words | store 가게

Do you have a [   ] ?

[   ] have an eraser?

Do you [   ] a ruler?

[   ] you have glue?

No, I don't.

Let's go to the store.

Is this your cap?

Pattern Check

Is this your ~?

'Is this your+사물?'는 '이것은 네 ~(이)니?'라는 의미로, 상대가 물건의 주인인지 확인할 때 사용해요. 긍정일 때는 Yes, it is., 부정일 때는 No, it isn't.로 대답해요.

A 단어를 듣고 따라 말해 보세요. (MP3 43)

1 **cap**
모자

2 **watch**
시계

3 **flag**
깃발

4 **mirror**
거울

5 **bat**
(야구) 배트

6 **umbrella**
우산

B 문장을 듣고 따라 써 보세요. (MP3 44)

your cap ➡ Is this your cap?
이것은 네 모자니?

Is this + your watch ➡ Is this your watch?
이것은 네 시계니?

your umbrella ➡ Is this your umbrella?
이것은 네 우산이니?

Reading

Pattern Reading 본문을 듣고 한 문장씩 따라 읽어 보세요.

What's in the box?

Is this your cap?

Is this your watch?

Yes, it is.

Is this your flag?

Is this your mirror?

Yes, it is.

Is this your bat?

Is this your umbrella?

Yes! Thank you.

Lost&Found

New Words

box 상자

Story Check 빈칸에 알맞은 말을 고르세요.

Is this your _____? Yes, it is.

ⓐ cap   ⓑ watch   ⓒ flag

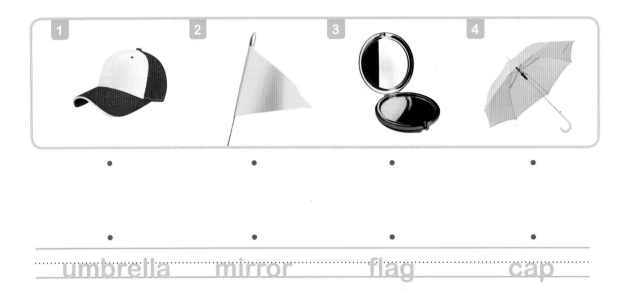

01 단어만 알면 된다　알맞은 단어에 연결한 후 써 보세요.

umbrella　　mirror　　flag　　cap

02 문장만 알면 된다　알맞은 문장을 골라 표시하세요.

1

☐ Is this your mirror?
☐ Is this your watch?

2

☐ Is this your bat?
☐ Is this your cap?

3

☐ Is this your mirror?
☐ Is this your flag?

4

☐ Is this your bat?
☐ Is this your umbrella?

순서대로 번호를 쓴 후 의문문을 써 보세요.

1

this	Is	mirror	your

....

2

your	this	umbrella	Is

....

3

this	bat	your	Is

....

4

Is	this	cap	your

....

빈칸을 채워 물건의 주인을 물어보는 글을 완성해 보세요.

Words Box

your bat

your

cap

Is this

Is this your [ ] ?

[ ] your watch?

Yes, it is.

Is this [ ] mirror?

Is this [ ] ?

Yes, it is.

Lost & Found

A 알맞은 단어를 보기에서 찾아 쓰세요.

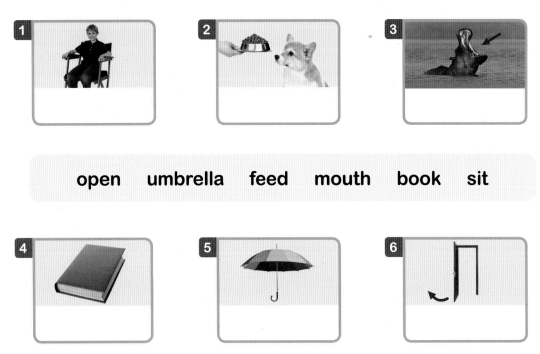

open   umbrella   feed   mouth   book   sit

B 알맞은 단어를 골라 문장을 완성하세요.

1. _____ up, please. [enter | stand]

2. Don't _____. [climb | feed]

3. I have one _____. [eye | nose]

4. Do you have _____? [glue | ruler]

5. Is this your _____? [bat | flag]

C 알맞은 단어를 써서 대화를 완성해 보세요.

1
A: _____ the door, please.
B: Sure.

2
A: Do you have an _____ ?
B: Yes, I _____ .

3
A: Is this your _____ ?
B: Yes, it is.

eraser	Close	do	ruler

D 알맞은 단어를 골라 이야기를 완성해 보세요.

1

Hello, students!
Come in, _____ .
_____ down, please.
Oh, no! _____ push, please.

2

_____ you have a pen?
Yes, I do.
_____ this your bag?
No, it isn't.

please	Do	Is	Don't	Sit

I can swim.

Pattern Check

I can ~.

'I can+동작을 나타내는 말.'은 '나는 ~을 할 수 있어요.'라는 의미예요. can 다음에는 동사의 기본형이 와요.

A 단어를 듣고 따라 말해 보세요. MP3 46

1
swim
수영하다

2
sing
노래 부르다

3
dance
춤추다

4
skate
스케이트를 타다

5
jump
뛰다

6
ski
스키를 타다

B 문장을 듣고 따라 써 보세요. MP3 47

swim ➡ I can swim.
나는 수영을 할 수 있어요.

I can ✚ skate ➡ I can skate.
나는 스케이트를 탈 수 있어요.

jump ➡ I can jump.
나는 뛸 수 있어요.

 Pattern Reading 본문을 듣고 한 문장씩 따라 읽어 보세요. MP3 48

I can do many things.

I can ski. I can skate.

I can swim. I can jump.

I can do many things, too.

I can sing. I can dance.

We can do many things.

We are good friends.

New Words

many things 많은 것들

 Story Check 빈칸에 알맞은 말을 고르세요.

I can _____.   I can _____.

ⓐ dance - ski   ⓑ skate - dance   ⓒ sing - dance

01 단어만 알면 된다   알맞은 단어를 찾아 써 보세요.

dance	skate	ski	jump

1 ....

2 ....

3 ....

4 ....

02 문장만 알면 된다   알맞은 말을 골라 동그라미 하세요.

1

I can [sing / jump] .

2

I can [skate / jump] .

3

I can [sing / swim] .

4

I can [dance / ski] .

순서만 알면 된다 순서대로 번호를 쓴 후 문장을 써 보세요.

1

dance	can	I

....

2

can	I	sing

....

3

I	skate	can

....

4

jump	can	I

....

04 **쓰기만 하면 된다** 빈칸을 채워 무엇을 할 수 있는지 나타내는 글을 완성해 보세요.

● Words Box

skate

jump

I can

swim

Words | fast 빠른
high 높이

I like swimming.

I can _____ .

_____ ski and

_____ . I'm very fast.

And I can _____ very high.

He can build.

✓ **Pattern Check**

He/She can ~.

'He/She can+행동을 나타내는 말.'은 '그는/그녀는 ~을 할 수 있어요.'라는 의미예요. He/She 대신 사람 이름이 나올 수도 있어요.

A 단어를 듣고 따라 말해 보세요.

1
build
짓다

2
cook
요리하다

3
paint
그리다,
페인트를 칠하다

4
drive
운전하다

5
throw
던지다

6
catch
받다

B 문장을 듣고 따라 써 보세요.

build ➡ He can build.
그는 (물건을) 지을 수 있어요.

 ＋ drive ➡ He can drive.
그는 운전 할 수 있어요.

throw ➡ He can throw.
그는 던질 수 있어요.

 Pattern Reading 본문을 듣고 한 문장씩 따라 읽어 보세요.

This is my dad.

He can build.

He can cook.

This is my mom.

She can paint.

She can drive.

This is my brother, Jack.

He can throw.

And I can catch.

 Story Check 맞으면 T, 틀리면 F에 표시하세요.

| 1 | Dad can cook. | T ☐ F ☐ |
| 2 | Jack can drive. | T ☐ F ☐ |

01 단어만 알면 된다
알맞은 단어에 연결한 후 써 보세요.

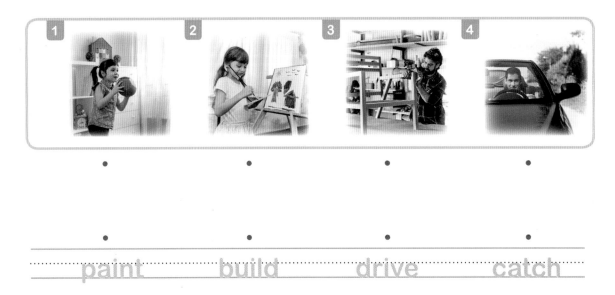

paint   build   drive   catch

02 문장만 알면 된다
알맞은 문장을 골라 표시하세요.

1

☐ He can cook.
☐ He can build.

2

☐ He can paint.
☐ He can catch.

3

☐ She can paint.
☐ She can catch.

4

☐ She can drive.
☐ She can throw.

순서만 알면 된다 순서대로 번호를 쓴 후 문장을 써 보세요.

1

cook	He	can

_____

2

catch	can	She

_____

3

She	paint	can

_____

4

can	He	drive

_____

04 **쓰기만 하면 된다** 빈칸을 채워 무엇을 할 수 있는지 나타내는 글을 완성해 보세요.

● Words Box

| paint |
| He can |
| cook |
| She can |

Brian can do many things.

He can [   ] .

[   ] build.

Jenny can do many things.

She can [   ] .

[   ] catch.

Can I come in?

Pattern Check

Can I ~?

'Can I+행동을 나타내는 말?'은 '~해도 될까요?'라는 뜻으로, '허가'를 요청하는 말이에요. Sure. (물론이에요.)라고 답할 수 있어요.

A 단어를 듣고 따라 말해 보세요. MP3 52

1 **come in**
들어오다

2 **sit here**
여기에 앉다

3 **touch it**
그것을 만지다

4 **use it**
그것을 사용하다

5 **borrow it**
그것을 빌리다

6 **taste it**
그것을 맛보다

B 문장을 듣고 따라 써 보세요. MP3 53

come in ➡ Can I come in?
들어가도 되나요?

Can I + use it ➡ Can I use it?
그것을 사용해도 되나요?

taste it ➡ Can I taste it?
그것을 맛봐도 되나요?

 Pattern Reading 본문을 듣고 한 문장씩 따라 읽어 보세요.

 Let's play school.

 Okay. I'm a teacher. You are a new student.

Can I come in?

Can I sit here?

Sure.

Can I touch it? Can I use it?

Can I borrow it?

Sure.

Can I taste it?

No!

New Words

play school 학교 놀이를 하다   new student 새로 온 학생

 Story Check 빈칸에 알맞은 말을 고르세요.

 Can I _____? Sure.

ⓐ sit here   ⓑ come in   ⓒ taste it

01 | **단어만 알면 된다** | 알맞은 말을 찾아 써 보세요.

> sit here   touch it   use it   taste it

1 _____

2 _____

3 _____

4 _____

02 | **문장만 알면 된다** | 알맞은 말을 골라 동그라미 하세요.

1

Can I | sit here / touch it | ?

2

Can I | taste it / use it | ?

3

Can I | sit here / borrow it | ?

4

Can I | touch it / taste it | ?

1 | Can | sit here | I |
|------|----------|---|

_____

_____

2 | touch it | I | Can |
|----------|---|-----|

_____

_____

3 | use it | Can | I |
|--------|-----|---|

_____

_____

4 | I | Can | come in |
|---|-----|---------|

_____

_____

04 **쓰기만 하면 된다** 빈칸을 채워 허락을 요청하는 글을 완성해 보세요.

Words Box

Sure

come in

use it

Can I

I'm a new student.

Can I [   ] ?

Sure. Welcome!

[   ] sit here?

Can I [   ] ?

Can I borrow it?

[   ] .

I like carrots.

I like ~.

'I like+음식이름.'은 '나는 ~을 좋아해요.'라는 뜻이에요. 뒤에 나오는 음식 이름은 carrots, potatoes와 같이 복수 형태로 써요.

A 단어를 듣고 따라 말해 보세요. (MP3 55)

1 **carrot** 당근

2 **potato** 감자

3 **pumpkin** 호박

4 **cucumber** 오이

5 **onion** 양파

6 **tomato** 토마토

B 문장을 듣고 따라 써 보세요. (MP3 56)

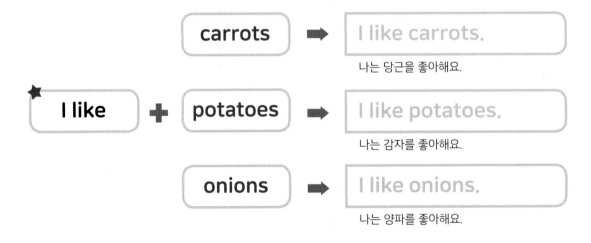

I like +

carrots ➡ I like carrots.
나는 당근을 좋아해요.

potatoes ➡ I like potatoes.
나는 감자를 좋아해요.

onions ➡ I like onions.
나는 양파를 좋아해요.

✔ **Pattern Reading** 본문을 듣고 한 문장씩 따라 읽어 보세요.

I'm a cook.

I cook vegetable soup.

I like carrots.

I like potatoes.

I like pumpkins.

I like cucumbers.

I like onions.

I like tomatoes.

Can I taste it? Yuck!

New Words

vegetable soup 야채 수프   Yuck! 윽!

✔ **Story Check** 무엇에 관한 이야기인가요?

This story is about _____.

ⓐ cooking   ⓑ dancing   ⓒ playing

01 단어만 알면 된다
알맞은 단어에 연결한 후 써 보세요.

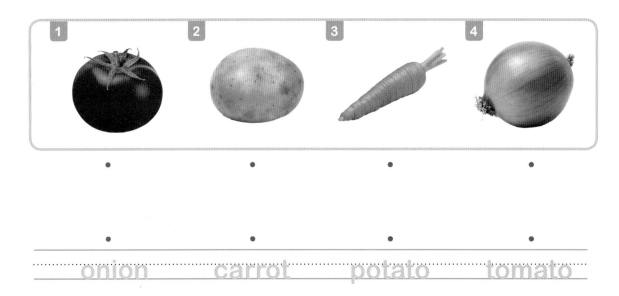

onion   carrot   potato   tomato

02 문장만 알면 된다
알맞은 문장을 골라 표시하세요.

1

☐ I like potatoes.
☐ I like tomatoes.

2

☐ I like carrots.
☐ I like onions.

3

☐ I like pumpkins.
☐ I like carrots.

4

☐ I like cucumbers.
☐ I like onions.

03 순서만 알면 된다

순서대로 번호를 쓴 후 문장을 써 보세요.

1

like	carrots	I

2

I	onions	like

3

tomatoes	like	I

4

potatoes	I	like

04 쓰기만 하면 된다

빈칸을 채워 좋아하는 것을 표현하는 글을 완성해 보세요.

● Words Box

I like

potatoes

like

pumpkins

Words I juice 주스

I like _____.

I like pumpkin soup.

_____ tomatoes.

I like tomato juice.

I like _____.

I _____ potato soup.

Do you like fish?

영어 교과서 Reading Pattern **20**

Do you like ~?

'Do you like+음식이름?'은 '너는 ~을 좋아하니?'라는 의미예요.

A 단어를 듣고 따라 말해 보세요. (MP3 58)

1	fish 생선	2	bread 빵
3	milk 우유	4	salad 샐러드
5	steak 스테이크	6	pizza 피자

B 문장을 듣고 따라 써 보세요. (MP3 59)

fish ➡ Do you like fish?
생선을 좋아하나요?

Do you like + milk ➡ Do you like milk?
우유를 좋아하나요?

pizza ➡ Do you like pizza?
피자를 좋아하나요?

 Pattern Reading   본문을 듣고 한 문장씩 따라 읽어 보세요.

Do you like fish?

No, I don't. I like steak.

Do you like milk?

No! I like juice not milk.

Do you like salad?

No! I like bread not salad.

Do you like pizza?

Yes, I like pizza very much.

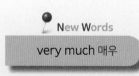
New Words
very much 매우

 **Story Check**   빈칸에 알맞은 말을 고르세요.

1 I like juice not _____.   ⓐ bread   ⓑ milk
2 I like _____ very much.   ⓐ pizza   ⓑ fish

문장연습 Practice

01 단어만 알면 된다 알맞은 단어를 찾아 써 보세요.

salad steak fish pizza

1
_____
. . . .

2
_____
. . . .

3
_____
. . . .

4
_____
. . . .

02 문장만 알면 된다 알맞은 말을 골라 동그라미 하세요.

1

Do you like | steak | ?
            | bread |

2

Do you like | salad | ?
            | milk |

3

Do you like | pizza | ?
            | fish |

4

Do you like | fish | ?
            | bread |

03 순서만 알면 된다 순서대로 번호를 쓴 후 의문문을 써 보세요.

1 | like | Do | you | bread |
|---|---|---|---|

----

2 | salad | Do | like | you |
|---|---|---|---|

----

3 | like | you | pizza | Do |
|---|---|---|---|

----

4 | Do | milk | you | like |
|---|---|---|---|

----

04 쓰기만 하면 된다 빈칸을 채워 무엇을 좋아하는지 묻는 글을 완성해 보세요.

Words Box

milk

Do you

fish

bread

Words | all of them
그것들 모두

Do you like ⬚ ?

Do you like ⬚ ?

Do you like ⬚ ?

⬚ like salad?

Yes, I like all of them.

A 알맞은 단어에 동그라미하고 써 보세요.

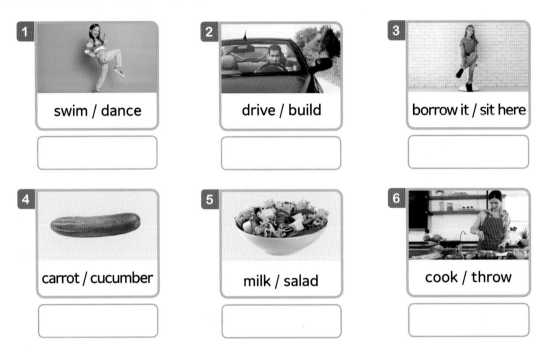

1. swim / dance
2. drive / build
3. borrow it / sit here
4. carrot / cucumber
5. milk / salad
6. cook / throw

B 알맞은 문장과 연결하고 읽어 보세요.

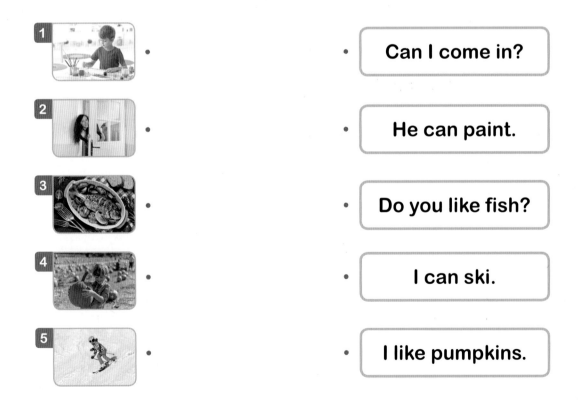

- Can I come in?
- He can paint.
- Do you like fish?
- I can ski.
- I like pumpkins.

꿈을 현실로 만드는

매일매일
알찬 학습

동양북스 초등 시리즈가

함께 해 드립니다!

📖 동양북스　｜　문의 02-337-1737　팩스 02-334-6624
www.dongyangbooks.com

초등 영어

기초

가장 쉬운
알파벳 쓰기

하루 한 장의 기적

알파벳을 가장 쉽고
빠르게 완성

가장 쉬운
영어 발음기호

하루 한 장의 기적

발음기호를 가장 쉽고
빠르게 완성

가장 쉬운
초등 필수 파닉스

BEST

하루 한 장의 기적

초등 영어 교과서
파닉스 한 권으로 완성

가장 쉬운
초등 필수 파닉스 실전 연습

하루 한 장의 기적

영어 읽기에
자신감을 키워주는

가장 쉬운
초등 필수 사이트 워드

하루 한 장의 기적

보는 순간 바로
읽어내는 미국 초등
과정 필수 200단어

가장 쉬운
초등 필수 영단어

심화

하루 한 장의 기적

초등 필수 영단어
한권으로 끝!

가장 쉬운
초등 영단어 따라쓰기

하루 한 장의 기적

교육부 권장
초등 필수 어휘
한권으로 완성

초등 영문법
이것만 하면 된다 1,2

영어를 시작하는
학생을 위한
최고의 문법책

초등 공부력 강화 프로젝트
슈퍼파워 그림한자 123(8~7급)

그림 연상 학습법으로
초등한자와 7급까지
한번에 배우기

가장 쉬운
초등 한자 따라쓰기(8~6급)

하루 한 장의 기적

교육부 권장
초등 필수 한자 완성

가장 쉬운
어린이 중국어 1,2,3,4,5

학습용 DVD+
워크북+활동자료
+바로듣기까지
한권으로 알차게
담은 처음 중국어

가장 쉬운 초등
고사성어 따라쓰기

하루 한 장의 기적

한자공부는 덤!
초등학생이 꼭
알아야 할 고사성어

가장 쉬운 초등
사자소학 따라쓰기

하루 한 장의 기적

우리아이를 위한
인성교육 교과서

우리말 어휘력을 키워주는
국어 속 한자 1,2,3

BEST

하루 한 장의 기적

우리말 어휘의 70%를
차지하는 한자어 학습
외우지 않아도 저절로 이해되는
통합 한자 학습 프로그램

초등 단행본

분수가 풀리고 도형이 보이는
수학 이야기

분수와
도형에 대한
1일 1주제
수학 과외 이야기

준비물이 필요 없는
생활 속 수학 레시피 36

일상 곳곳에서
수 감각을 일깨우는
생활 밀착형
수학 트레이닝

너는
왜 그렇게 푸니?

창의적인
수학 문제 풀이의
세계 경험

하브루타
독서의 기적

스스로 생각하는
아이로 자라는
'하브루타 독서법'

우주를
품은 아이

NASA 연구원 아빠와
엉뚱한 딸의
우주이야기

사계절
곤충 탐구 수첩

우연히 주운
곤충학자 수첩과
매일매일 즐거운
곤충 탐구!

가장 쉬운 독학
예쁜 손글씨

악필 교정!
나만의 바른 손글씨
만들기

C 알맞은 단어를 써서 대화를 완성해 보세요.

1

A: He can _____.

B: _____ can catch.

2

A: Can I _____?

B: Sure.

3

A: Do you like _____?

B: _____, I do.

| throw | come in | Yes | She | bread |

D 알맞은 단어를 골라 이야기를 완성해 보세요.

 1

 2

Do you like _____?

_____, I do.

_____ taste it?

Sure.

My dad can _____.

Do you like _____?

_____ steak, too.

My dad _____ cook steak.

| pizza | steak | can | I like | cook | Can I | Yes |

It's on the chair.

Pattern Check

It's on ~.

'It's on+사물/장소.'는 '그것은 ~위에 있어요.'라는 뜻으로 사물의
위치를 나타낼 때 사용해요. [in (~안에), under (~아래에)]

A 단어를 듣고 따라 말해 보세요. (MP3 61)

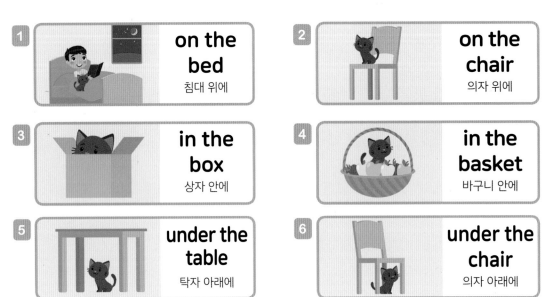

1 **on the bed** 침대 위에

2 **on the chair** 의자 위에

3 **in the box** 상자 안에

4 **in the basket** 바구니 안에

5 **under the table** 탁자 아래에

6 **under the chair** 의자 아래에

B 문장을 듣고 따라 써 보세요. (MP3 62)

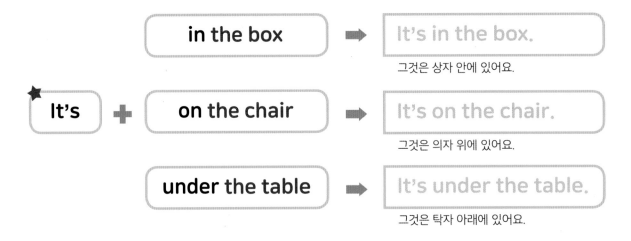

in the box ➡ It's in the box.

그것은 상자 안에 있어요.

⭐ **It's** ➕ **on the chair** ➡ It's on the chair.

그것은 의자 위에 있어요.

under the table ➡ It's under the table.

그것은 탁자 아래에 있어요.

☑ **Pattern** **Reading** 본문을 듣고 한 문장씩 따라 읽어 보세요.

Carrot is my pet cat.

Where is it?

Oh! I see it.

It's on the bed.

It's on the chair.

It's under the table.

Now, it's in the box.

● New Words

where 어디에   see 보다

☑ **Story** **Check** 빈칸에 알맞은 말을 고르세요.

Where is it? It's _____ the box.

ⓐ on   ⓑ in   ⓒ under

01 단어만 알면 된다
알맞은 말에 연결한 후 써 보세요.

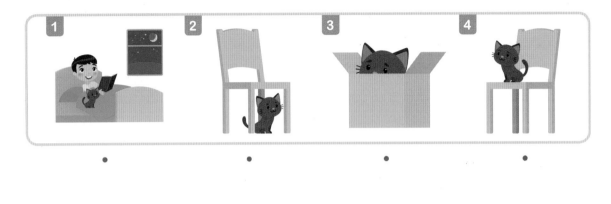

under the chair   in the box   on the bed   on the chair

02 문장만 알면 된다
알맞은 문장을 골라 표시하세요.

1 ☐ **It's on the chair.**
  ☐ **It's under the chair.**

2 ☐ **It's under the bed.**
  ☐ **It's on the bed.**

3 ☐ **It's on the table.**
  ☐ **It's under the table.**

4 ☐ **It's on the table.**
  ☐ **It's under the table.**

03 순서만 알면 된다   순서대로 번호를 쓴 후 문장을 써 보세요.

1

the bed	on	It's

_____

2

under	It's	the table

_____

3

the chair	It's	on

_____

4

the box	in	It's

_____

04 쓰기만 하면 된다   빈칸을 채워 공의 위치를 묘사하는 글을 완성해 보세요.

● Words Box

chair

in

on

under

I have four balls.

It's 　　　　　 the bed.

It's 　　　　　 the table.

It's on the 　　　　　 .

It's 　　　　　 the box.

It's Sunday.

Pattern Check

It's ~.

'It's+요일.'은 '(오늘은) ~요일이에요.'라는 뜻으로, What day is it today?(오늘은 무슨 요일인가요?)라는 질문에 답할 때 사용해요.

A 단어를 듣고 따라 말해 보세요. (MP3 64)

1. **MON** Monday 월요일
2. **TUE** Tuesday 화요일
3. **WED** Wednesday 수요일
4. **THU** Thursday 목요일
5. **FRI** Friday 금요일
6. **SAT** Saturday 토요일
7. **SUN** Sunday 일요일

B 문장을 듣고 따라 써 보세요. (MP3 65)

Monday ➡ It's Monday.
월요일이에요.

It's + Wednesday ➡ It's Wednesday.
수요일이에요.

Friday ➡ It's Friday.
금요일이에요.

 Pattern Reading   본문을 듣고 한 문장씩 따라 읽어 보세요.

Look at my schedule.

It's Monday. It's Wednesday.

I have swimming lessons.

It's Tuesday. It's Thursday.

I have piano lessons.

It's Friday. It's Saturday.

I have art lessons.

It's Sunday.

Let's play!

New Words

schedule 일정   lesson 수업

 Story Check   맞으면 T, 틀리면 F에 표시하세요.

1 I have swimming lessons on Tuesday.   T ☐ F ☐
2 I have art lessons on Friday.   T ☐ F ☐

01 단어만 알면 된다

빈칸에 들어갈 알맞은 요일의 철자를 쓴 후, 단어를 써 보세요.

1 M □ N D □ Y ➡

2 □ R I □ AY ➡

3 S □ N D A □ ➡

4 W □ D N E □ DAY ➡

5 T □ E □ DAY ➡

02 문장만 알면 된다

마지막에 들어갈 알맞은 말을 골라 동그라미 하세요.

1 SUN MON ?

It's
Tuesday
Wednesday
.

2 WED THU ?

It's
Tuesday
Friday
.

3 SAT SUN ?

It's
Wednesday
Monday
.

4 TUE WED ?

It's
Thursday
Tuesday
.

순서대로 번호를 쓴 후 문장을 써 보세요.

1

It	Monday	is

_____

_____

2

Friday	It	is

_____

_____

3

is	Saturday	It

_____

_____

4

is	It	Sunday

_____

_____

빈칸을 채워 스케줄을 완성해 보세요.

Words Box

Wednesday

Thursday

It's

Monday

It's [_____]. Reading Day!

It's [_____]. Cooking Day!

It's [_____]. Music Day!

[_____] Friday. Chicken Day!

The brush is 200 won.

Pattern Check

| ~ is ~ won. | '물건+is 200 won.'은 '~은 200원이에요.'라는 뜻이에요. How much is it?(이것은 얼마예요?)의 대답으로 쓸 수 있어요. (won 원, 한국 화폐 단위) |

A 단어를 듣고 따라 말해 보세요. MP3 67

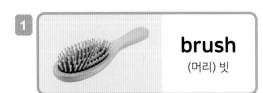

1 **brush** (머리) 빗

2 **hair band** 머리띠

3 **pencil case** 필통

4 **soccer ball** 축구공

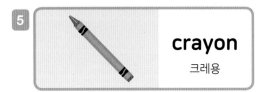

5 **crayon** 크레용

6 **clay** 점토

B 문장을 듣고 따라 써 보세요. MP3 68

| The brush | ➡ | The brush is 200 won. |

그 머리 빗은 200원이에요.

| The crayon | ✚ is 200 won. | ➡ | The crayon is 200 won. |

그 크레용은 200원이에요.

| The clay | ➡ | The clay is 200 won. |

그 점토는 200원이에요.

Pattern Reading 본문을 듣고 한 문장씩 따라 읽어 보세요. MP3 69

A flea market!

How much is it?

The brush is 200 won.

The hair band is 300 won.

The pencil case is 400 won.

The soccer ball is 1,000 won.

The crayon is 100 won.

The clay is 300 won.

I like shopping.

New Words
flea market 벼룩시장

Story Check 빈칸에 알맞은 말을 고르세요.

1. The _____ is 200 won. ⓐ clay ⓑ brush
2. I like _____. ⓐ shopping ⓑ cooking

문장연습 Practice

01 **단어만 알면 된다** 알맞은 단어에 연결한 후 써 보세요.

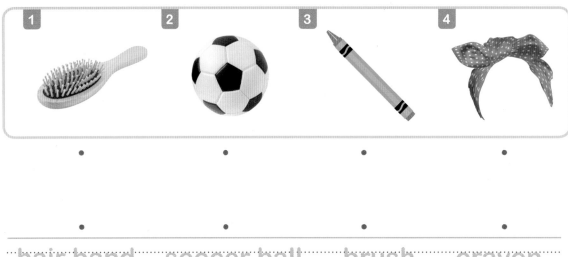

hair band   soccer ball   brush   crayon

02 **문장만 알면 된다** 알맞은 문장을 골라 표시하세요.

1
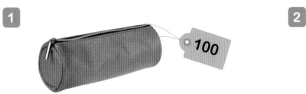

☐ The pencil case is 100 won.
☐ The crayon is 100 won.

2

☐ The clay is 400 won.
☐ The brush is 400 won.

3

☐ The pencil case is 200 won.
☐ The brush is 200 won.

4

☐ The crayon is 300 won.
☐ The soccer ball is 300 won.

03 순서만 알면 된다 순서대로 번호를 쓴 후 문장을 써 보세요.

1

The brush	200 won	is

_____

2

400 won	is	The pencil case

_____

3

is	The soccer ball	1,000 won

_____

4

300 won	The hair band	is

_____

04 쓰기만 하면 된다 빈칸을 채워 쇼핑 목록을 작성한 글을 완성해 보세요.

Words Box

brush

clay

pencil case

hair band

Words | shopping list
쇼핑 목록

My shopping list!

The [_____] is 300 won.

The [_____] is 200 won.

The [_____] is 500 won.

The [_____] is 700 won.

It's sunny.

✓ **Pattern Check**

It's ~.

'How's the weather today?'는 '오늘 날씨가 어때요?'라는 의미예요. 대답할 때는 'It's+날씨를 나타내는 단어.'로 말해요.

A 단어를 듣고 따라 말해 보세요.

1

sunny
화창한

2

cloudy
구름 낀

3

windy
바람 부는

4

rainy
비가 오는

5

snowy
눈이 오는

6

foggy
안개 낀

B 문장을 듣고 따라 써 보세요.

sunny ➡ It's sunny.
화창해요.

★ It's ＋ rainy ➡ It's rainy.
비가 와요.

snowy ➡ It's snowy.
눈이 와요.

 Pattern Reading 본문을 듣고 한 문장씩 따라 읽어 보세요. MP3 72

How's the weather today?

It's cloudy and windy.

It's rainy and foggy.

How's the weather today?

It's sunny today.

It's good for playing

at the beach.

It's snowy today.

It's good for playing

in the snow.

🎤 **New Words**

be good for ~에 좋다   beach 해변   snow 눈

 Story Check 무엇에 관한 이야기인가요?

This story is about _____.

ⓐ sports   ⓑ weather   ⓒ food

01 단어만 알면 된다 알맞은 단어를 찾아 써 보세요.

snowy   foggy   cloudy   sunny

 1

 2

 3

 4

....

02 문장만 알면 된다 알맞은 말을 골라 동그라미 하세요.

1

It's cloudy / sunny .

2

It's snowy / sunny .

3

It's windy / foggy .

4

It's cloudy / rainy .

03 순서만 알면 된다 순서대로 번호를 쓴 후 문장을 써 보세요.

1

It	cloudy	is

_____

2

is	It	sunny

_____

3

foggy	It	is

_____

4

It	rainy	is

_____

04 쓰기만 하면 된다 빈칸을 채워 일기 예보에 관한 글을 완성해 보세요.

Words Box~

rainy

It's

sunny

cloudy

Words I this week
이번 주

How's the weather this week?

Monday! It's [   ] .

Tuesday! [   ] foggy.

Wednesday! It's [   ] .

Thursday! It's [   ] .

Friday! It's snowy.

Mon	
Tue	
Wed	
Thu	
Fri	

It's time for **breakfast.**

✓ **Pattern** Check

It's time for ~.

'It's time for+일과.'는 '~할 시간이에 요.'라는 뜻이에요.

A 단어를 듣고 따라 말해 보세요. 🎧MP3 73

1. **breakfast** 아침 식사
2. **lunch** 점심 식사
3. **dinner** 저녁 식사
4. **bed** 침대
5. **school** 학교
6. **homework** 숙제

B 문장을 듣고 따라 써 보세요. 🎧MP3 74

breakfast ➡ It's time for breakfast.
아침 식사할 시간이에요.

It's time for ➕ school ➡ It's time for school.
학교 갈 시간이에요.

bed ➡ It's time for bed.
잠자리에 들 시간이에요.

 Pattern Reading 본문을 듣고 한 문장씩 따라 읽어 보세요.

This is a timetable.

It's time for breakfast.

It's time for school.

It's time for lunch.

It's time for dinner.

It's time for bed.

One is missing!

It's time for homework.

New Words

timetable 시간표   is missing 빠져 있다

 Story Check 문장에 맞는 시각을 고르세요.

1 It's time for lunch.   ⓐ   ⓑ

2 It's time for bed.   ⓐ   ⓑ

01 단어만 알면 된다

알맞은 단어에 연결한 후 써 보세요.

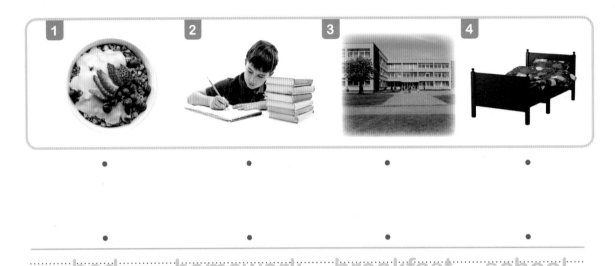

bed   homework   breakfast   school

02 문장만 알면 된다

알맞은 문장을 골라 표시하세요.

1

☐ It's time for breakfast.
☐ It's time for bed.

2

☐ It's time for dinner.
☐ It's time for school.

3

☐ It's time for lunch.
☐ It's time for bed.

4

☐ It's time for breakfast.
☐ It's time for homework.

03 순서만 알면 된다

순서대로 번호를 쓴 후 문장을 써 보세요.

1

breakfast	It's	for	time

2

time	school	for	It's

3

It's	homework	for	time

4

It's	time	dinner	for

04 쓰기만 하면 된다

빈칸을 채워 나의 일과에 대한 글을 완성해 보세요.

Words Box

bed

homework

breakfast

It's

Words | busy 바쁜

It's time for [_____].

[_____] time for

school.

It's time for [_____].

It's time for [_____].

A busy day!

Review 5 (Patterns 21~25)

A 알맞은 단어를 보기에서 찾아 쓰세요.

Monday   brush   sunny   hair band   bed   crayon

B 알맞은 단어를 골라 문장을 완성하세요.

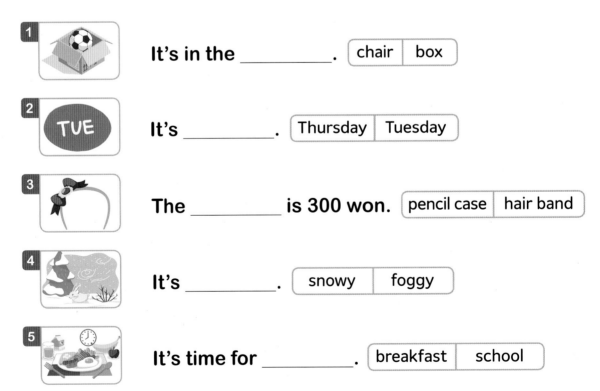

1. It's in the _____ . | chair | box |

2. It's _____ . | Thursday | Tuesday |

3. The _____ is 300 won. | pencil case | hair band |

4. It's _____ . | snowy | foggy |

5. It's time for _____ . | breakfast | school |

C
알맞은 단어를 써서 대화를 완성해 보세요.

1

A: _____ is the dog?

B: It's on the _____.

2

A: _____ day is it today?

B: It's _____.

3

A: How _____ is it?

B: _____ is 1,000 won.

much   Friday   chair   The soccer ball   What   Where

D
알맞은 단어를 골라 이야기를 완성해 보세요.

1

The _____ is 100 won.

Where? It's _____ the table.

Wow! The _____ is 200 won.

I like the flea market.

2

It's _____ for breakfast, Anna!

What day is it today, Mom?

_____ Saturday.

_____'s the weather?

It's _____.

time   It's   brush   sunny   on   How   hair band

영어 교과서
Reading Pattern **26**

Let's play soccer.

 **Pattern Check**

Let's ~.

'Let's play+운동 이름.'은 '우리 ~하자.'라고 제안하는 표현이에요. Sounds good. (좋아.) / Sorry, I can't. (미안하지만 안돼.)로 답할 수 있어요.

A 단어를 듣고 따라 말해 보세요. (MP3 76)

1	**tennis** 테니스	2	**soccer** 축구
3	**baseball** 야구	4	**basketball** 농구
5	**badminton** 배드민턴	6	**volleyball** 배구

B 문장을 듣고 따라 써 보세요. (MP3 77)

Let's play +

tennis ➡ Let's play tennis.
우리 테니스 치자.

soccer ➡ Let's play soccer.
우리 축구 하자.

baseball ➡ Let's play baseball.
우리 야구 하자.

 Pattern Reading 본문을 듣고 한 문장씩 따라 읽어 보세요.

I like playing sports.

Let's play tennis.

Let's play soccer.

Let's play baseball.

Let's play basketball.

Let's play badminton.

Let's play volleyball.

Sorry, I can't. I'm busy.

But you can play with Max.

 Story Check 맞으면 T, 틀리면 F에 표시하세요.

		T	F
1	I like playing sports.	☐	☐
2	My big brother is not busy.	☐	☐

Reading Pattern 26 123

01 단어만 알면 된다
알맞은 단어를 찾아 써 보세요.

| basketball | tennis | badminton | soccer |

1 _____
....

2 _____
....

3 _____
....

4 _____
....

02 문장만 알면 된다
알맞은 말을 골라 동그라미 하세요.

1

Let's play
| soccer |
| basketball | .

2

Let's play
| badminton |
| baseball | .

3

Let's play
| basketball |
| volleyball | .

4

Let's play
| soccer |
| baseball | .

순서만 알면 된다 순서대로 번호를 쓴 후 문장을 써 보세요.

1

play	tennis	Let's

....

2

Let's	volleyball	play

....

3

soccer	Let's	play

....

4

play	baseball	Let's

....

04 **쓰기만 하면 된다** 빈칸을 채워 제안하는 글을 완성해 보세요.

📌 Words Box

basketball

play

Let's

soccer

I like playing sports.

Let's play [   ] .

[   ] play baseball.

Let's play [   ] .

Let's [   ] volleyball.

Do you want some juice?

 Pattern Check

Do you want some ~?

'Do you want some+음식이름?'은 '~ 좀 먹을래요?'라는 의미로, 상대방에게 음식을 권하는 표현이에요.

A 단어를 듣고 따라 말해 보세요.

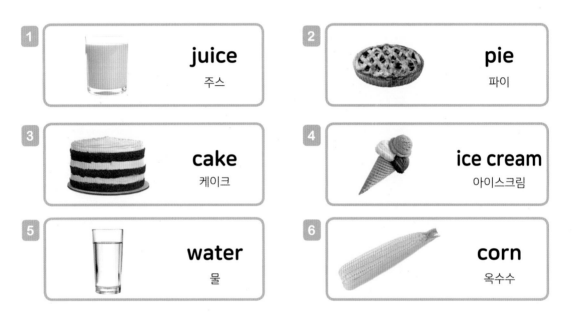

1 juice 주스	**2** pie 파이
3 cake 케이크	**4** ice cream 아이스크림
5 water 물	**6** corn 옥수수

B 문장을 듣고 따라 써 보세요. (MP3 80)

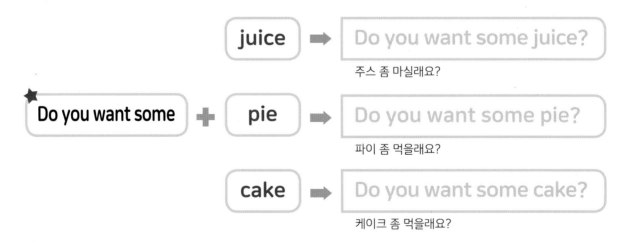

juice ➡ Do you want some juice?
주스 좀 마실래요?

Do you want some + pie ➡ Do you want some pie?
파이 좀 먹을래요?

cake ➡ Do you want some cake?
케이크 좀 먹을래요?

Do you want some pie?

Do you want some juice?

Do you want some water?

Do you want some ice cream?

Do you want some corn?

Yes, please. Oh, I'm hungry.

Do you want some cake?

Yes, please.

We are happy.

 Story Check 빈칸에 알맞은 말을 고르세요.

Do you want some _____? Yes, please.

ⓐ juice   ⓑ pie   ⓒ cake

Practice 문장연습

01 **단어만 알면 된다**   알맞은 단어에 연결한 후 써 보세요.

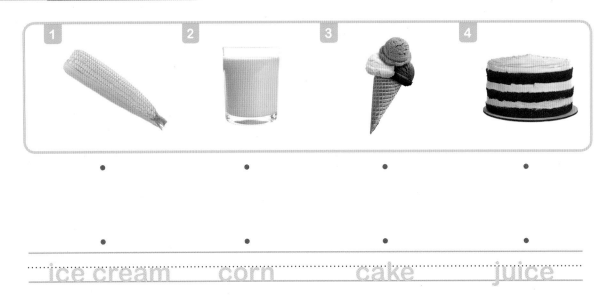

ice cream   corn   cake   juice

02 **문장만 알면 된다**   알맞은 문장을 골라 표시하세요.

1

- [ ] Do you want some cake?
- [ ] Do you want some water?

2

- [ ] Do you want some water?
- [ ] Do you want some ice cream?

3

- [ ] Do you want some pie?
- [ ] Do you want some corn?

4

- [ ] Do you want some cake?
- [ ] Do you want some juice?

순서만 알면 된다 순서대로 번호를 쓴 후 의문문을 써 보세요.

1

want	Do you	pie	some

....

2

water	want	Do you	some

....

3

corn	want	some	Do you

....

4

Do you	cake	want	some

....

04 **쓰기만 하면 된다** 빈칸을 채워 음식을 권하는 글을 완성해 보세요.

● Words Box

ice cream

juice

some pie

Do you

Do you want some [   ] ?

Do you want [   ] ?

[   ] want some cake?

Do you want some [   ] ?

Yes, please.

영어 교과서
Reading
Pattern **28**

I want a skirt.

I want ~.

'I want+물건 이름.'은 '나는 ~을 원해요.'라는 의미로, 내가 가지고 싶은 것을 말할 때 사용해요.

A 단어를 듣고 따라 말해 보세요. (MP3 82)

1	**scarf** 스카프, 목도리	2	**T-shirt** 티셔츠
3	**coat** 코트	4	**skirt** 치마
5	**jacket** 재킷	6	**shoes** 신발

B 문장을 듣고 따라 써 보세요. (MP3 83)

a scarf ➡ I want a scarf.
나는 목도리를 원해요.

★ I want + a skirt ➡ I want a skirt.
나는 치마를 원해요.

shoes ➡ I want shoes.
나는 신발을 원해요.

Pattern Reading
본문을 듣고 한 문장씩 따라 읽어 보세요.

What do you want?

I want a skirt. I want a coat.

I want a scarf.

How pretty! I like it.

What do you want?

I want a T-shirt. I want a jacket.

I want shoes.

How nice! I like it.

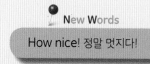

Story Check
무엇에 관한 이야기인가요?

This story is about _____.

ⓐ clothes   ⓑ music   ⓒ friends

Practice

02 단어만 알면 된다 알맞은 단어를 찾아 써 보세요.

| skirt | shoes | scarf | coat |

1

2

3

4

_____
_____
_____
_____

03 문장만 알면 된다 알맞은 말을 골라 동그라미 하세요.

1

I want | a skirt |
        | a jacket | .

2

I want | a T-shirt |
        | a scarf | .

3

I want | a jacket |
        | shoes | .

4

I want | a coat |
        | a T-shirt | .

순서대로 번호를 쓴 후 문장을 써 보세요.

1
want	I	a	skirt

_____

2
I	coat	a	want

_____

3
a	I	T-shirt	want

_____

4
shoes	want	I

_____

04 쓰기만 하면 된다   빈칸을 채워 어떤 옷을 원하는지 나타내는 글을 완성해 보세요.

● Words Box

skirt

scarf

T-shirt

jacket

I want a red [   ] .

I want a yellow [   ] .

I want a [   ] .

A beautiful scarf!

I want a pink [   ] .

영어 교과서
Reading Pattern **29**

I'm watching TV.

Pattern Check

I'm -ing ~.

'I'm+활동을 나타내는 말+ing ~.'는 '나는 ~을 하고 있어요.' 라는 의미로, 지금 무엇을 하고 있는지 나타낼 때 사용해요.

A 단어를 듣고 따라 말해 보세요.

1

listen to music
음악을 듣다

2

draw a picture
그림을 그리다

3

read a book
책을 읽다

4

watch TV
텔레비전을 보다

5

play the piano
피아노를 치다

6

play a game
게임을 하다

B 문장을 듣고 따라 써 보세요.

reading a book ➡ I'm reading a book.
나는 책을 읽고 있어요.

I'm + **watching TV** ➡ I'm watching TV.
나는 텔레비전을 보고 있어요.

playing the piano ➡ I'm playing the piano.
나는 피아노를 치고 있어요.

Pattern Reading 본문을 듣고 한 문장씩 따라 읽어 보세요.

What are you doing?
I'm drawing a picture.
I'm reading a book.
I'm listening to music.
I'm playing the piano.
I'm playing a game.

What are you doing?
I'm watching TV.
Now I'm sleeping.

Story Check 맞으면 T, 틀리면 F에 표시하세요.

1 Grandma is listening to music.　T ☐　F ☐
2 Mom is watching TV.　T ☐　F ☐

Reading Pattern 29 135

01 단어만 알면 된다 알맞은 말에 연결한 후 써 보세요.

1

play _____

2

draw _____

 a picture

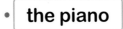 the piano

 to music

 a book

3

read _____

4

listen _____

02 문장만 알면 된다 알맞은 문장을 골라 표시하세요.

1

 I'm playing a game.
☐ I'm playing the piano.

2

☐ I'm listening to music.
☐ I'm drawing a picture.

3

 I'm reading a book.
☐ I'm watching TV.

4

☐ I'm playing a game.
☐ I'm reading a book.

03 순서만 알면 된다
순서대로 번호를 쓴 후 문장을 써 보세요.

1

a	book	I'm	reading

....

2

to	listening	music	I'm

....

3

I'm	game	playing	a

....

4

drawing	a	I'm	picture

....

04 쓰기만 하면 된다
빈칸을 채워 무엇을 하고 있는지 나타내는 글을 완성해 보세요.

Words Box

drawing

I'm

piano

reading

Words | enjoy 즐기다

What are you doing?

I'm ☐ a book.

I'm playing the ☐ .

I'm ☐ a picture.

☐ playing a game.

I enjoy this time.

She is cleaning the room.

 Pattern Check

She/He is -ing ~.

'She/He is+활동을 나타내는 말+ing ~.'는 '그녀는/그는 ~을 하고 있어요.'라는 의미로, 지금 무엇을 하고 있는지 나타낼 때 사용해요.

A 단어를 듣고 따라 말해 보세요.

1
clean the room
방 청소를 하다

2
wash the dishes
설거지를 하다

3
vacuum the floor
진공청소기로 바닥을 청소하다

4
set the table
식탁을 차리다

5
walk the dog
개를 산책시키다

6
help Mom
엄마를 돕다

B 문장을 듣고 따라 써 보세요.

cleaning the room ➡ She is cleaning the room.
그녀는 방 청소를 하고 있어요.

★ **She is** ➕ **washing the dishes** ➡ She is washing the dishes.
그녀는 설거지를 하고 있어요.

walking the dog ➡ She is walking the dog.
그녀는 개를 산책시키고 있어요.

 Pattern Reading 본문을 듣고 한 문장씩 따라 읽어 보세요.

This is Roby.

She is cleaning the room.

She is washing the dishes.

She is vacuuming the floor.

This is Toby.

He is setting the table.

He is helping Mom.

He is walking the dog.

What a day!

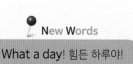
New Words
What a day! 힘든 하루야!

 Story Check 빈칸에 알맞은 말을 고르세요.

1 _____ is washing the dishes. ⓐ Roby ⓑ Toby

2 Toby is _____ the dog. ⓐ setting ⓑ walking

Reading Pattern 30 139

Practice

01 단어만 알면 된다
알맞은 말을 찾아 써 보세요.

set the table   clean the room   help Mom   walk the dog

1 ....
2 ....
3 ....
4 ....

02 문장만 알면 된다
알맞은 말을 골라 동그라미 하세요.

1

She is [washing / vacuuming] the floor.

2

He is [setting / cleaning] the table.

3

She is [vacuuming / washing] the dishes.

4

He is [helping / walking] the dog.

1

is	He	the floor	vacuuming

_____

2

cleaning	is	She	the room

_____

3

Mom	is	He	helping

_____

4

He	the table	setting	is

_____

04 쓰기만 하면 된다 빈칸을 채워 무엇을 하고 있는지 나타내는 글을 완성해 보세요.

Words Box

cleaning

dishes

He is

She is

What is Jimin doing?

He is washing the _____ .

_____ **vacuuming the floor.**

What is Yena doing?

She is _____ **the room.**

_____ **setting the table.**

A 알맞은 말에 동그라미하고 써 보세요.

1. baseball / basketball
2. corn / pie
3. jacket / skirt
4. listen to music / read a book
5. shoes / scarf
6. walk the dog / set the table

B 알맞은 문장과 연결하고 읽어 보세요.

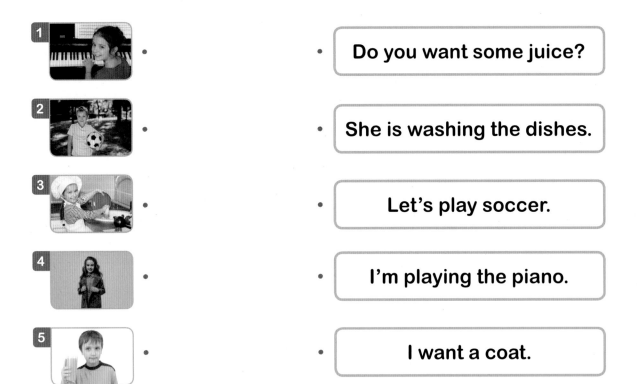

- Do you want some juice?
- She is washing the dishes.
- Let's play soccer.
- I'm playing the piano.
- I want a coat.

C 알맞은 단어를 써서 대화를 완성해 보세요.

A: Do you want some _____?

B: _____, please.

A: Let's play _____.

B: Okay.

A: _____ are you doing?

B: I'm _____ a picture.

| water | Yes | badminton | What | drawing |

D 알맞은 단어를 골라 이야기를 완성해 보세요.

Let's play _____.

_____, I can't. I'm busy.

I'm _____ Mom.

She is _____ the room.

What are you _____?

I'm _____ pie.

Do you want some _____?

Yes, please. I'm very hungry.

| pie | soccer | cooking | cleaning | Sorry | helping | doing |

A 읽을 수 있는 단어에 체크 표시(✔)하고, 단어의 뜻을 찾아 쓰세요.

1 ☐ angry _____

2 ☐ hungry _____

3 ☐ happy _____

4 ☐ thirsty _____

5 ☐ sad _____

6 ☐ tired _____

행복한 슬픈 피곤한 목마른 배고픈 화난

B I am ~.을 이용해 우리말을 영작한 후, 큰 소리로 읽어 보세요.

1 나는 목이 말라요. _____

2 나는 배가 고파요. _____

3 나는 슬퍼요. _____

4 나는 행복해요. _____

5 나는 화가 나요. _____

6 나는 피곤해요. _____

A 읽을 수 있는 단어에 체크 표시(✔)하고, 단어의 뜻을 찾아 쓰세요.

1 eight ☐

2 seven ☐

3 eleven ☐

4 ten ☐

5 nine ☐

6 twelve ☐

열둘   아홉   열   일곱   여덟   열하나

B I'm ~.을 이용해 우리말을 영작한 후, 큰 소리로 읽어 보세요.

1 나는 일곱 살이에요.

2 나는 열두 살이에요.

3 나는 여덟 살이에요.

4 나는 아홉 살이에요.

5 나는 열한 살이에요.

6 나는 열 살이에요.

A 읽을 수 있는 단어에 체크 표시(✔)하고, 단어의 뜻을 찾아 쓰세요.

1	sister		2	mother	
3	grandfather		4	brother	
5	father		6	grandmother	

어머니   할머니   할아버지   아버지   여자 형제   남자 형제

B This is ~.을 이용해 우리말을 영작한 후, 큰 소리로 읽어 보세요.

1 이 사람은 우리 어머니예요.

2 이 사람은 우리 언니예요.

3 이 사람은 우리 오빠예요.

4 이 사람은 우리 아버지예요.

5 이 사람은 우리 할머니예요.

6 이 사람은 우리 할아버지예요.

A 읽을 수 있는 단어에 체크 표시(✔)하고, 단어의 뜻을 찾아 쓰세요.

1 kind

2 strong

3 smart

4 pretty

5 funny

6 tall

키가 큰   예쁜   똑똑한   웃기는   힘센   친절한

B She/He is ~.를 이용해 우리말을 영작한 후, 큰 소리로 읽어 보세요.

1 그녀는 예뻐요.

2 그는 친절해요.

3 그녀는 똑똑해요.

4 그는 힘이 세요.

5 그녀는 웃겨요.

6 그는 키가 커요.

A 읽을 수 있는 단어에 체크 표시(✔)하고, 단어의 뜻을 찾아 쓰세요.

1 dancer ☐

2 teacher ☐

3 firefighter ☐

4 doctor ☐

5 cook ☐

6 singer ☐

가수　　소방관　　요리사　　교사　　의사　　댄서

B He/She is ~.를 이용해 우리말을 영작한 후, 큰 소리로 읽어 보세요.

1 그녀는 요리사예요.

2 그는 의사예요.

3 그는 댄서예요.

4 그녀는 가수예요.

5 그녀는 교사예요.

6 그는 소방관이에요.

A 읽을 수 있는 단어에 체크 표시(✔)하고, 단어의 뜻을 찾아 쓰세요.

1	bag		2	cup	
3	pen		4	fork	
5	ball		6	hat	

공　　　컵　　　가방　　　펜　　　모자　　　포크

B It is ~.를 이용해 우리말을 영작한 후, 큰 소리로 읽어 보세요.

1　그것은 모자예요.

2　그것은 컵이에요.

3　그것은 포크예요.

4　그것은 펜이에요.

5　그것은 공이에요.

6　그것은 가방이에요.

A 읽을 수 있는 단어에 체크 표시(✔)하고, 단어의 뜻을 찾아 쓰세요.

1 red ☐

2 green ☐

3 white ☐

4 blue ☐

5 yellow ☐

6 purple ☐

파란색　　초록색　　흰색　　보라색　　노란색　　빨간색

B It's ~.를 이용해 우리말을 영작한 후, 큰 소리로 읽어 보세요.

1 그것은 파란색이에요.

2 그것은 초록색이에요.

3 그것은 빨간색이에요.

4 그것은 흰색이에요.

5 그것은 노란색이에요.

6 그것은 보라색이에요.

Reading Pattern 08 / Is it a cat?

A 읽을 수 있는 단어에 체크 표시(✔)하고, 단어의 뜻을 찾아 쓰세요.

1	zebra		2	dog	
3	monkey		4	bird	
5	cat		6	lion	

원숭이　　　얼룩말　　　개　　　고양이　　　새　　　사자

B Is it ~?을 이용해 우리말을 영작한 후, 큰 소리로 읽어 보세요.

1 그것은 얼룩말인가요?

2 그것은 개인가요?

3 그것은 새인가요?

4 그것은 사자인가요?

5 그것은 고양이인가요?

6 그것은 원숭이인가요?

A 읽을 수 있는 단어에 체크 표시(✔)하고, 단어의 뜻을 찾아 쓰세요.

1 clean ☐

2 dirty ☐

3 light ☐

4 soft ☐

5 heavy ☐

6 hard ☐

부드러운   깨끗한   더러운   무거운   딱딱한   가벼운

B It's ~.를 이용해 우리말을 영작한 후, 큰 소리로 읽어 보세요.

1 그것은 무거워요.

2 그것은 더러워요.

3 그것은 딱딱해요.

4 그것은 깨끗해요.

5 그것은 가벼워요.

6 그것은 부드러워요.

A 읽을 수 있는 단어에 체크 표시(✔)하고, 단어의 뜻을 찾아 쓰세요.

1 | melon |

2 | pear |

3 | banana |

4 | apple |

5 | orange |

6 | plum |

배   바나나   오렌지   멜론   자두   사과

B How many ~?를 이용해 우리말을 영작한 후, 큰 소리로 읽어 보세요.

1 오렌지가 몇 개인가요?

2 바나나가 몇 개인가요?

3 사과가 몇 개인가요?

4 배가 몇 개인가요?

5 멜론이 몇 개인가요?

6 자두가 몇 개인가요?

A 읽을 수 있는 단어에 체크 표시(✔)하고, 단어의 뜻을 찾아 쓰세요.

1 stand

2 close

3 open

4 come

5 go

6 sit

앉다　　오다　　가다　　열다　　서다　　닫다

B ~, please.를 이용해 우리말을 영작한 후, 큰 소리로 읽어 보세요.

1 일어나세요.

2 문을 닫으세요.

3 앉으세요.

4 문을 여세요.

5 들어오세요.

6 나가세요.

Reading Pattern 12 / Don't touch.

A 읽을 수 있는 단어에 체크 표시(✔)하고, 단어의 뜻을 찾아 쓰세요.

1 enter ____

2 feed ____

3 run ____

4 climb ____

5 push ____

6 touch ____

들어가다   오르다   만지다   먹이를 주다   밀다   달리다

B Don't~.을 이용해 우리말을 영작한 후, 큰 소리로 읽어 보세요.

1 만지지 마세요. ____

2 들어가지 마세요. ____

3 밀지 마세요. ____

4 뛰지 마세요. ____

5 올라가지 마세요. ____

6 동물한테 먹이를 주지 마세요. ____

A 읽을 수 있는 단어에 체크 표시(✔)하고, 단어의 뜻을 찾아 쓰세요.

1 ☐ mouth ☐

2 ☐ eye ☐

3 ☐ tail ☐

4 ☐ nose ☐

5 ☐ leg ☐

6 ☐ ear ☐

눈　　　귀　　　입　　　다리　　　꼬리　　　코

B I have ~.를 이용해 우리말을 영작한 후, 큰 소리로 읽어 보세요.

1 나는 눈이 두 개 있어요.

2 나는 코가 한 개 있어요.

3 나는 꼬리가 한 개 있어요.

4 나는 다리가 네 개 있어요.

5 나는 귀가 두 개 있어요.

6 나는 입이 한 개 있어요.

A 읽을 수 있는 단어에 체크 표시(✔)하고, 단어의 뜻을 찾아 쓰세요.

1 book ☐

2 eraser ☐

3 notebook ☐

4 pencil ☐

5 ruler ☐

6 glue ☐

공책   풀   책   지우개   연필   자

B Do you have ~?를 이용해 우리말을 영작한 후, 큰 소리로 읽어 보세요.

1 너 연필 있니?

2 너 지우개 있니?

3 너 자 있니?

4 너 공책 있니?

5 너 풀 있니?

6 너 책 있니?

A 읽을 수 있는 단어에 체크 표시(✔)하고, 단어의 뜻을 찾아 쓰세요.

1 | cap |
2 | watch |
3 | bat |
4 | umbrella |
5 | flag |
6 | mirror |

모자　　　우산　　　(야구) 배트　　　깃발　　　거울　　　시계

B Is this ~?를 이용해 우리말을 영작한 후, 큰 소리로 읽어 보세요.

1 이것은 네 모자니?

2 이것은 네 시계니?

3 이것은 네 우산이니?

4 이것은 네 깃발이니?

5 이것은 네 거울이니?

6 이것은 네 (야구) 배트니?

Reading Pattern 16 / I can swim.

A 읽을 수 있는 단어에 체크 표시(✔)하고, 단어의 뜻을 찾아 쓰세요.

1 skate

2 swim

3 dance

4 sing

5 jump

6 ski

노래 부르다   수영하다   춤추다   스케이트를 타다   뛰다   스키를 타다

B I can ~.를 이용해 우리말을 영작한 후, 큰 소리로 읽어 보세요.

1 나는 뛸 수 있어요.

2 나는 스케이트를 탈 수 있어요.

3 나는 수영을 할 수 있어요.

4 나는 춤 출 수 있어요.

5 나는 스키를 탈 수 있어요.

6 나는 노래 부를 수 있어요.

A 읽을 수 있는 단어에 체크 표시(✔)하고, 단어의 뜻을 찾아 쓰세요.

1	drive		2	cook	
3	paint		4	build	
5	throw		6	catch	

운전하다   받다   던지다   그리다, 페인트를 칠하다   짓다   요리하다

B He/She can ~.를 이용해 우리말을 영작한 후, 큰 소리로 읽어 보세요.

1 그는 운전 할 수 있어요.

2 그녀는 던질 수 있어요.

3 그는 받을 수 있어요.

4 그녀는 (물건을) 지을 수 있어요.

5 그는 요리 할 수 있어요.

6 그녀는 그릴 수 있어요.

A 읽을 수 있는 단어에 체크 표시(✔)하고, 단어의 뜻을 찾아 쓰세요.

1 | taste it |

2 | sit here |

3 | come in |

4 | touch it |

5 | use it |

6 | borrow it |

그것을 사용하다　　여기에 앉다　　들어오다
그것을 만지다　　그것을 맛보다　　그것을 빌리다

B Can I ~?를 이용해 우리말을 영작한 후, 큰 소리로 읽어 보세요.

1 들어가도 되나요?

2 그것을 사용해도 되나요?

3 그것을 맛봐도 되나요?

4 여기에 앉아도 되나요?

5 그것을 빌려도 되나요?

6 그것을 만져도 되나요?

A 읽을 수 있는 단어에 체크 표시(✔)하고, 단어의 뜻을 찾아 쓰세요.

1	tomato		2	cucumber	
3	potato		4	carrot	
5	onion		6	pumpkin	

감자   오이   토마토   양파   호박   당근

B I like ~.를 이용해 우리말을 영작한 후, 큰 소리로 읽어 보세요.

1 나는 호박을 좋아해요.

2 나는 양파를 좋아해요.

3 나는 감자를 좋아해요.

4 나는 당근을 좋아해요.

5 나는 토마토를 좋아해요.

6 나는 오이를 좋아해요.

A 읽을 수 있는 단어에 체크 표시(✔)하고, 단어의 뜻을 찾아 쓰세요.

1	salad		2	fish	
3	bread		4	steak	
5	milk		6	pizza	

샐러드　　피자　　우유　　생선　　빵　　스테이크

B Do you like ~?를 이용해 우리말을 영작한 후, 큰 소리로 읽어 보세요.

1 스테이크를 좋아하나요?

2 우유를 좋아하나요?

3 빵을 좋아하나요?

4 피자를 좋아하나요?

5 생선을 좋아하나요?

6 샐러드를 좋아하나요?

A 읽을 수 있는 단어에 체크표시(✔)하고, 단어의 뜻을 찾아 쓰세요.

1 on the bed
2 on the chair
3 under the table
4 under the chair
5 in the box
6 in the basket

상자 안에   바구니 안에   탁자 아래에

의자 위에   침대 위에   의자 아래에

B It's on/under/in ~.을 이용해 우리말을 영작한 후, 큰 소리로 읽어 보세요.

1 그것은 의자 위에 있어요.

2 그것은 상자 안에 있어요.

3 그것은 탁자 아래에 있어요.

4 그것은 바구니 안에 있어요.

5 그것은 침대 위에 있어요.

6 그것은 의자 아래에 있어요.

Reading Pattern 22 / It's Sunday.

A 읽을 수 있는 단어에 체크표시(✔)하고, 단어의 뜻을 찾아 쓰세요.

1	Monday		2	Thursday	
3	Friday		4	Sunday	
5	Saturday		6	Tuesday	
7	Wednesday				

월요일   화요일   일요일   수요일   목요일   토요일   금요일

B It's ~.를 이용해 우리말을 영작한 후, 큰 소리로 읽어 보세요.

1 월요일이에요.

2 일요일이에요.

3 금요일이에요.

4 화요일이에요.

5 목요일이에요.

6 수요일이에요.

A 읽을 수 있는 단어에 체크 표시(✔)하고, 단어의 뜻을 찾아 쓰세요.

1 brush

2 clay

3 crayon

4 pencil case

5 hair band

6 soccer ball

(머리) 빗   축구공   점토   크레용   머리띠   필통

B ~ is ~ won.을 이용해 우리말을 영작한 후, 큰 소리로 읽어 보세요.

1 그 머리 빗은 100원이에요.

2 그 크레용은 200원이에요.

3 그 점토는 300원이에요.

4 그 필통은 400원이에요.

5 그 머리띠는 500원이에요.

6 그 축구공은 600원이에요.

Reading Pattern 24 / It's sunny.

A 읽을 수 있는 단어에 체크 표시(✔)하고, 단어의 뜻을 찾아 쓰세요.

1	sunny		2	windy	
3	rainy		4	snowy	
5	foggy		6	cloudy	

화창한　　구름 낀　　바람 부는　　비가 오는　　안개 낀　　눈이 오는

B It's ~.를 이용해 우리말을 영작한 후, 큰 소리로 읽어 보세요.

1 화창 해요.

2 비가 와요.

3 구름이 꼈어요.

4 눈이 와요.

5 안개가 꼈어요.

6 바람이 불어요.

Reading Pattern 25 / It's time for breakfast.

A 읽을 수 있는 단어에 체크 표시(✔)하고, 단어의 뜻을 찾아 쓰세요.

1 breakfast ____

2 lunch ____

3 bed ____

4 homework ____

5 dinner ____

6 school ____

아침 식사   침대   저녁 식사   학교   숙제   점심 식사

B It's time for~.를 이용해 우리말을 영작한 후, 큰 소리로 읽어 보세요.

1 아침 식사할 시간이에요. ____

2 저녁 식사할 시간이에요. ____

3 잠 잘 시간이에요. ____

4 학교 갈 시간이에요. ____

5 숙제 할 시간이에요. ____

6 점심 식사할 시간이에요. ____

A 읽을 수 있는 단어에 체크 표시(✔)하고, 단어의 뜻을 찾아 쓰세요.

1	basketball		2	volleyball
3	tennis		4	soccer
5	badminton		6	baseball

농구　　배구　　축구　　테니스　　야구　　배드민턴

B Let's ~.를 이용해 우리말을 영작한 후, 큰 소리로 읽어 보세요.

1 우리 농구 하자.

2 우리 배구 하자.

3 우리 축구 하자.

4 우리 테니스 치자.

5 우리 야구 하자.

6 우리 배드민턴 치자.

A 읽을 수 있는 단어에 체크 표시(✔)하고, 단어의 뜻을 찾아 쓰세요.

1 ice cream ☐   2 pie ☐

3 cake ☐   4 juice ☐

5 corn ☐   6 water ☐

물   파이   아이스크림   케이크   옥수수   주스

B Do you want some ~?을 이용해 우리말을 영작한 후, 큰 소리로 읽어 보세요.

1 케이크 좀 먹을래요?

2 아이스크림 좀 먹을래요?

3 파이 좀 먹을래요?

4 주스 좀 마실래요?

5 옥수수 좀 먹을래요?

6 물 좀 마실래요?

A 읽을 수 있는 단어에 체크 표시(✔)하고, 단어의 뜻을 찾아 쓰세요.

1	shoes		2	T-shirt	
3	skirt		4	coat	
5	jacket		6	scarf	

치마   티셔츠   신발   코트   스카프, 목도리   재킷

B I want ~.를 이용해 우리말을 영작한 후, 큰 소리로 읽어 보세요.

1 나는 신발을 원해요.

2 나는 목도리를 원해요.

3 나는 치마를 원해요.

4 나는 재킷을 원해요.

5 나는 티셔츠를 원해요.

6 나는 코트를 원해요.

A 읽을 수 있는 단어에 체크 표시(✔)하고, 단어의 뜻을 찾아 쓰세요.

1 draw a picture

2 play a game

3 listen to music

4 read a book

5 watch TV

6 play the piano

텔레비전을 보다   게임을 하다   그림을 그리다
음악을 듣다   책을 읽다   피아노를 치다

B I'm -ing ~.를 이용해 우리말을 영작한 후, 큰 소리로 읽어 보세요.

1 나는 피아노를 치고 있어요.

2 나는 그림을 그리고 있어요.

3 나는 책을 읽고 있어요.

4 나는 게임을 하고 있어요.

5 나는 텔레비전을 보고 있어요.

6 나는 음악을 듣고 있어요.

Reading Pattern 30 / She is cleaning the room.

A 읽을 수 있는 단어에 체크 표시(✔)하고, 단어의 뜻을 찾아 쓰세요.

1 ☐ clean the room ☐

2 ☐ help Mom ☐

3 ☐ wash the dishes ☐

4 ☐ vacuum the floor ☐

5 ☐ walk the dog ☐

6 ☐ set the table ☐

식탁을 차리다 　　　 설거지를 하다 　　　 방 청소를 하다

개를 산책시키다 　　　 엄마를 돕다 　　　 진공청소기로 바닥을 청소하다

B She/He is -ing ~.를 이용해 우리말을 영작한 후, 큰 소리로 읽어 보세요.

1 그녀는 방 청소를 하고 있어요.

2 그는 진공청소기로 바닥을 청소하고 있어요.

3 그녀는 개를 산책시키고 있어요.

4 그는 식탁을 차리고 있어요.

5 그녀는 설거지를 하고 있어요.

6 그는 엄마를 돕고 있어요.

● 활용 패턴 ●

My name is ~.
I'm ~ years old.
I'm + 특징.
He/She is + 특징.

♣ 예시

My name is Anna.
I'm 9 years old.
I'm tall and smart.

This is ME!

My name is _____.
(이름)

I am _____ years old.
(나이)

I am _____.
(특징)

This is (my friend)!

This is _____.

She/He is _____ years old.

She/He is _____.

● 활용 패턴 ●

What's this?
It is + 물건이름.
It's + 색깔.
It's + 상태.

♣ 예시

What's this?
It is my bag.
It's blue **and** yellow.
It's new **and** clean.

What's this?

It is _____.
(물건 이름)

It's _____.
(색깔)

It's _____.
(상태)

What's this?

It is _____.

It's _____.

It's _____.

PROJECT 3 : 애완동물 소개하기

♣ 예시

I have four legs.
I have a long tail.
I like running.
Who am I? I am a hamster.

Who Am I?

I have _____.
(신체)
I have _____.
(신체)

I like _____.
(특징)

I am _____.
(애완동물)

Who Am I?

I have _____.
I have _____.
I like _____.
I am _____.

● 활용 패턴 ●

This is ~.
He/She is ~.
He/She can ~.

♣ 예시

This is my dad.
He is a cook.
He can cook well.

This is (my family)!

This is _____.
　　　　　　　　(가족)

He/She is _____.
　　　　　　　　(직업)

He/She can _____.
　　　　　　　　(잘하는 것)

This is (my family)!

This is _____.

She/He is _____.

She/He can _____.

PROJECT 5 : 요일과 날씨 묻고 답하기

♣ 예시

What day is it today?
It's **Tuesday**.
How's the weather today?
It's **sunny**.

Today's Weather!

What day is it today?
It's _____.
(요일)

How's the weather today?
It's _____.
(날씨)

Today's Weather!

What day is it today?
It's _____.
How's the weather today?
It's _____.

PROJECT 6 : 쇼핑하기

● 활용 패턴 ●

What do you want?
I want ~.
I like it.

What do you want?

I want _____.
　　　　　　　(옷)
I want _____.
　　　　　　　(옷)

I like it.

What do you want?

I want _____.

I want _____.

I like it.

[1-15번은 듣고 푸는 문제입니다.] 🎧MP3 91

1 다음을 듣고, 성격이 <u>다른</u> 것을 고르세요. (　　　)

①　　　②　　　③　　　④　　　⑤

2 다음을 듣고, 그림에 알맞은 것을 고르세요. (　　　)

①　　　②　　　③　　　④　　　⑤

3 다음을 듣고, 그림과 일치하지 <u>않는</u> 것을 고르세요. (　　　)

①　　②　　③　　④　　⑤

4 다음을 듣고, 남자 아이가 할 말을 고르세요. (　　　)

①　　　②　　　③　　　④　　　⑤

5 다음을 듣고, 다음 대답에 알맞은 질문을 고르세요. (　　　)

It's a fork.

①　　　②　　　③　　　④　　　⑤

6 다음을 듣고, 내용과 일치하지 <u>않는</u> 그림을 고르세요. (　　　)

①　　②　　③　　④　　⑤

7 다음을 듣고, 여자 아이의 나이를 고르세요. ( )

① 7   ② 8   ③ 9   ④ 10   ⑤ 11

8 다음을 듣고, 빈칸에 들어갈 알맞은 것을 고르세요. ( )

_____가(이) _____ 있어요.

① 오렌지/4개   ② 바나나/3개   ③ 멜론/1개   ④ 사과/5개   ⑤ 자두/2개

[9-10] 다음을 듣고, 질문에 답하세요.

9 내용에 알맞은 친구의 이름을 고르세요. ( )

① Toby   ② Anna   ③ Tom   ④ Sam   ⑤ Ryan

10 친구에 대한 내용과 일치하는 것을 고르세요. ( )

① 키가 작다.   ② 똑똑하다.   ③ 힘이 세다.   ④ 재밌다.   ⑤ 예쁘다.

서술형 문제

11 다음을 듣고, 남자의 물건을 우리말로 쓰세요. ( )

12 다음을 듣고, 어색한 대화를 고르세요. ( )

①   ②   ③   ④   ⑤

13 다음을 듣고, 동물원에서 금지된 것과 <u>다른</u> 것을 고르세요. ( )

①   ②   ③   ④   ⑤

14 다음을 듣고, 남자의 고양이에 대한 것을 모두 고르세요. ( )

① dirty   ② new   ③ soft   ④ hard   ⑤ clean

15 다음을 듣고, 빈칸에 공통으로 들어갈 말을 써보세요. (   )

> I _____ two eyes.
> I _____ a mouth.
> I _____ four legs.

[16-25번은 읽고 푸는 문제입니다.]

16 영어와 우리말 뜻이 <u>잘못</u> 짝지어진 것을 고르세요. (   )

① 11 - twelve   ② 할아버지 - grandfather   ③ 예쁜 - pretty

④ 지우개 - eraser   ⑤ 소방관 - firefighter

17 글의 내용과 일치하지 <u>않는</u> 것을 고르세요. (   )

> I am a monkey. I have two ears.
> I have two eyes. I have a mouth and a nose.
> I have a long tail.

① 나는 귀가 두 개 있다.   ② 나는 눈이 두 개 있다.   ③ 나는 긴 꼬리가 한 개 있다.

④ 나는 코가 두 개 있다.   ⑤ 나는 입이 한 개 있다.

18 다음 내용과 일치하는 그림을 고르세요. (   )

> It is a pencil. It is long. It is brown.

①   ②    ③   ④   ⑤

19 그림에 알맞은 것을 고르세요. (   )

① He has three bananas.   ② He has two plums.

③ He has one apple.   ④ He has three pears.

⑤ He has four melons.

20 다음 문장을 읽고 밑줄 친 단어를 영어로 쓰세요. (   )

> 그것은 <u>노란색</u>이에요.

서술형 문제

21 그림을 보고 빈칸을 채워 알맞은 문장을 완성하세요.

> S_____ _____ _____d up, please.

22 빈칸에 공통으로 들어갈 알맞은 낱말을 고르세요. (   )

> _____ old are you?
> _____ many apples?

① Who   ② What   ③ How   ④ When   ⑤ Where

23 다음 박물관 규칙을 보고, 빈칸에 공통으로 들어갈 알맞은 낱말을 고르세요. (   )

> _____ touch.
> _____ push.
> _____ run.

① Can   ② Isn't   ③ Don't
④ Aren't   ⑤ Do

서술형 문제

[24-25] 다음을 읽고 물음에 답하세요.

> This is Tony. He is my brother.
> <u>그는 소방관이에요</u>. He is tall.

24 밑줄 친 우리말과 같은 뜻이 되도록 영어로 쓰세요. (   )

25 Tony에 대해 빈칸에 들어갈 말을 쓰세요.

> 그는 나의 _____이고, 키가 _____.

[1-15번은 듣고 푸는 문제입니다.] (MP3 92)

1 다음을 듣고, 그림에 알맞은 것을 고르세요. (   )

①   ②   ③   ④   ⑤

2 다음을 듣고, 성격이 <u>다른</u> 것을 고르세요. (   )

①   ②   ③   ④   ⑤

3 다음을 듣고, 그림과 일치하지 <u>않는</u> 것을 고르세요. (   )

①   ②   ③   ④   ⑤

4 다음을 듣고, 남자 아이가 할 말을 고르세요. (   )

①   ②   ③   ④   ⑤

5 다음을 듣고, 다음 질문에 알맞은 대답을 고르세요. (   )

| Do you like steak? |

①   ②   ③   ④   ⑤

6 다음을 듣고, 빈칸에 들어갈 말을 고르세요. (   )

| Can I ＿＿＿＿＿＿＿? |

① sit here   ② touch it

③ use it   ④ borrow it

⑤ taste it

7 다음을 듣고, 머리띠의 가격을 고르세요. (   )

① 100   ② 200   ③ 300   ④ 400   ⑤ 500

8 다음을 듣고, 빈칸에 들어갈 알맞은 것을 고르세요.

_____는 상자 _____에 있어요.

① 햄스터/위   ② 고양이/위   ③ 개/안   ④ 원숭이/아래   ⑤ 새/안

[9-10] 다음을 듣고, 질문에 답하세요.

9 내용에 알맞은 가족을 고르세요. (   )

① grandmother   ② brother   ③ grandfather
④ mom   ⑤ sister

10 내용과 일치하는 것을 고르세요. (   )

① 춤을 출 수 있다.   ② 운전을 할 수 있다.   ③ 공을 던질 수 있다.
④ 공을 받을 수 있다.   ⑤ 요리를 할 수 있다.

서술형 문제

11 다음을 듣고, 남자가 좋아하는 것을 우리말로 쓰세요. (   )

12 다음을 듣고, 어색한 대화를 고르세요. (   )

①   ②   ③   ④   ⑤

13 다음을 듣고, 여자 아이가 하고 있는 일을 고르세요. (   )

①   ②   ③   ④   ⑤

14 다음을 듣고, 남자 아이가 원하는 것을 모두 고르세요 (   )

① jacket   ② brush   ③ coat   ④ skirt   ⑤ shoes

15 다음을 듣고, 빈칸에 공통으로 들어갈 말을 영어로 써보세요. (   )

> _____ is Monday.
> _____ is windy.
> _____ is on the chair.

[16-25번은 읽고 푸는 문제입니다.]

16 영어와 우리말 뜻이 <u>잘못</u> 짝지어진 것을 고르세요. (   )

① Tuesday - 화요일   ② clay - 찰흙   ③ carrot - 오이
④ dinner - 저녁 식사   ⑤ foggy - 안개 낀

17 글의 내용과 일치하지 <u>않는</u> 것을 고르세요. (   )

> I like vegetables. I like potatoes. I like pumpkins.
> I like onions. I like tomatoes.

① 나는 감자를 좋아해요.   ② 나는 호박을 좋아해요.   ③ 나는 양파를 좋아해요.
④ 나는 토마토를 좋아해요.   ⑤ 나는 당근을 좋아해요.

18 다음 내용과 일치하는 그림을 고르세요. (   )

> A: How's the weather today?
> B: It's sunny today.

①    ② 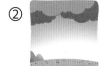   ③   ④    ⑤

19 그림에 알맞은 것을 고르세요. (   )

① It's in the box.   ② It's on the chair.
③ It's on the table.   ④ It's on the bed.
⑤ It's under the chair.

20 다음 문장을 읽고 밑줄 친 단어를 영어로 쓰세요. (   )

> <u>수요일</u>이에요.

서술형 문제

21 그림을 보고 빈칸을 채워 알맞은 문장을 완성하세요.

> She is d_____ a _____ i _____ g a picture.

22 빈칸에 공통으로 들어갈 알맞은 낱말을 고르세요. (   )

> Let's _____ tennis.
> I'm _____ ing the piano.

① have   ② go   ③ catch
④ play   ⑤ sleep

23 빈칸에 공통으로 들어갈 알맞은 낱말을 고르세요. (   )

> I _____ listening to music.
> I _____ very happy.

① have   ② can   ③ am
④ do   ⑤ want

서술형 문제

[24-25] 다음을 읽고 물음에 답하세요.

> My dad is washing the dishes.
> My brother is vacuuming the floor.
> <u>나의 언니는 방을 치우고 있어요.</u>

24 밑줄 친 우리말과 같은 뜻이 되도록 영어로 쓰세요. (   )

25 가족들이 무엇을 하고 있는지 빈칸에 들어갈 말을 우리말로 쓰세요.

> 아빠는 _____ 오빠는 _____.

Reading Pattern 01 I am **happy.**

✔ Pattern Reading

본문 해석

나는 에릭이야. 나는 화가 나. 하지만 이제 행복해. 나는 에이미야. 나는 피곤해. 나는 슬퍼. 하지만 이제 행복해. 나는 라이언이야. 나는 배가 고파. 나는 목이 말라. 하지만 이제 행복해.

✔ Story Check 1 T 2 F

01 단어만 알면 된다

1 angry 2 thirsty 3 tired 4 hungry

02 문장만 알면 된다

1 I am angry.   2 I am sad.
3 I am happy.   4 I am tired.

03 순서만 알면 된다

1 2, 1, 3 I am angry.   2 3, 2, 1 I am hungry.
3 3, 1, 2 I am tired.   4 1, 3, 2 I am thirsty.

04 쓰기만 하면 된다

angry, hungry, sad, I am

본문 해석

나는 토비야. 나는 화가 나. 나는 배고파. 나는 슬퍼. 이제 나는 행복해.

Reading Pattern 02 I'm **ten years old.**

✔ Pattern Reading

본문 해석

몇 살이에요? 저는 열두 살이에요. 저는 여덟 살이에요. 저는 아홉 살이에요. 저는 열 살이에요. 저는 열한 살이에요. 몇 살이에요? 저는 일곱 살이에요. 하지만 저는 행복해요.

✔ Story Check ⓐ

01 단어만 알면 된다

1 eleven 2 ten 3 seven 4 eight

02 문장만 알면 된다

1 seven 2 eleven 3 ten 4 eight

03 순서만 알면 된다

1 3, 1, 4, 2 I am eight years old.
2 4, 2, 1, 3 I am twelve years old.
3 1, 3, 2, 4 I am ten years old.
4 3, 2, 1, 4 I am nine years old.

04 쓰기만 하면 된다

eight, ten, twelve

본문 해석

나는 샘이에요. 나는 여덟 살이에요. 나는 줄리아예요. 나는 열 살이에요. 나는 톰이에요. 나는 열두 살이에요.

Reading Pattern 03 This is **my mother.**

✔ Pattern Reading

본문 해석

이 사람은 우리 어머니예요. 이 사람은 우리 아버지예요. 이 사람은 우리 할머니예요. 이 사람은 우리 할아버지예요. 이 애는 제 남동생이에요. 이 사람은 제 누나예요. 그리고 나예요. 나의 대단한 가족.

✔ Story Check 1 T 2 F

01 단어만 알면 된다

1 sister 2 father 3 grandmother 4 brother

02 문장만 알면 된다

1 This is my mother.
2 This is my grandfather.
3 This is my sister.
4 This is my father.

03 순서만 알면 된다

1 2, 1, 3, 4 This is my sister.
2 2, 3, 4, 1 This is my brother.
3 3, 4, 1, 2 This is my grandmother.
4 1, 3, 4, 2 This is my mother.

04 쓰기만 하면 된다

mother, This, is, my sister

본문 해석

우리 가족을 만나보세요. 이 사람은 우리 어머니예요.
이 사람은 우리 아버지예요. 이 사람은 우리 할아버지예요.
이 사람은 우리 누나예요.

Reading Pattern 04 — She is pretty.

✓ Pattern Reading

본문 해석

이 애는 애나예요. 그녀는 예뻐요. 그녀는 키가 커요.
그녀는 나에게 친절해요. 이 애는 토니예요. 그는 힘이 세요.
그는 똑똑해요. 그는 항상 웃겨요.

✓ Story Check 1 ⓑ 2 ⓐ

01 단어만 알면 된다

1 kind 2 tall 3 strong 4 funny

02 문장만 알면 된다

1 She is tall. 2 He is smart.
3 She is kind. 4 He is funny.

03 순서만 알면 된다

1 1, 3, 2 She is smart. 2 3, 2, 1 He is funny.
3 2, 3, 1 She is tall. 4 2, 3, 1 He is strong.

04 쓰기만 하면 된다

is, kind, He is, strong

본문 해석

그녀는 우리 엄마예요. 그녀는 친절해요.
그는 우리 아빠예요. 그는 힘이 세고 항상 웃겨요.

Reading Pattern 05 — He is a doctor.

✓ Pattern Reading

본문 해석

여기는 우리 가족이에요. 할아버지! 그는 의사예요.

할머니! 그녀는 요리사예요. 아버지! 그는 소방관이에요.
어머니! 그녀는 교사예요. 그리고 남동생! 그는 가수이자 댄서예요.

✓ Story Check 1 F 2 T

01 단어만 알면 된다

1 doctor 2 teacher 3 firefighter 4 singer

02 문장만 알면 된다

1 She is a cook. 2 He is a doctor.
3 She is a teacher. 4 He is a firefighter.

03 순서만 알면 된다

1 2, 3, 1 He is a firefighter. 2 1, 3, 2 He is a cook.
3 3, 1, 2 She is a singer. 4 2, 3, 1 She is a doctor.

04 쓰기만 하면 된다

doctor, He is, singer, She is

본문 해석

진! 그는 의사예요. 톰! 그는 소방관이에요.
루시! 그녀는 가수예요. 제니! 그녀는 요리사예요.

Review 1 (Patterns 01~05)

A 1 happy 2 father 3 tall 4 doctor
5 seven 6 grandmother

B 1 mother 이 사람은 우리 어머니예요.
2 smart 그는 똑똑해요.
3 dancer 그녀는 댄서예요.
4 ten 그녀는 열 살이에요.
5 thirsty 나는 목이 말라요.

C 1 How, years old
A: 너는 몇 살이니? B: 나는 열한 살이야.
2 smart
A: 이 애는 줄리아예요. B: 그녀는 똑똑해요.
3 father, tall
A: 이 사람은 우리 아버지예요. B: 그는 키가 커요.

D 1 doctor, He is

본문 해석

이 사람은 우리 아버지예요. 그는 의사에요. 그는 친절해요.
그는 똑똑해요.

2 am, years, happy

본문 해석

안녕하세요. 나는 애나예요. 나는 여덟 살이에요.
나는 행복해요.

Reading Pattern 06 : It is a pen.

✔ Pattern Reading

본문 해석

이것은 뭐지? 그것은 모자야. 그것은 가방이야.
그리고 그것은 펜이야.
이것은 뭐지? 그것은 공이야. 그것은 포크야.
그리고 그것은 컵이야. 그것은 무엇이든 될 수 있어!

✔ Story Check ⓐ

01 단어만 알면 된다

1 bag **2** fork **3** ball **4** cup

02 문장만 알면 된다

1 cup **2** pen **3** hat **4** bag

03 순서만 알면 된다

1 3, 1, 2, 4 It is a ball.
2 4, 3, 2, 1 It is a hat.
3 1, 3, 4, 2 It is a fork.
4 4, 3, 2, 1 It is a cup.

04 쓰기만 하면 된다

ball, It is, pen, hat

본문 해석

이것은 뭐지? 그것은 공이야. 그것은 가방이야. 그것은 펜이야.
그것은 모자야.

Reading Pattern 07 : It's blue.

✔ Pattern Reading

본문 해석

풍선을 봐. 그것은 파란색이야. 그것은 빨간색이야.
그것도(티셔츠) 역시 파란색이고 빨간색이야.
그것은 노란색이야. 그것은 초록색이야.
그것도(원피스) 역시 노란색이고 초록색이야.
그것은 보라색이야. 그것은 하얀색이야.
그것도(모자) 역시 보라색이고 하얀색이야. 재미있다!

✔ Story Check ⓑ

01 단어만 알면 된다

1 blue **2** purple **3** green **4** yellow

02 문장만 알면 된다

1 It's red.   **2** It's green.
3 It's blue.   **4** It's purple.

03 순서만 알면 된다

1 3, 1, 2 It is blue.   **2** 1, 3, 2 It is yellow.
3 2, 1, 3 It is purple.   **4** 1, 3, 2 It is red.

04 쓰기만 하면 된다

green, blue, yellow, it's

본문 해석

많은 색! 그것은 초록색이에요. 그것은 파란색이에요.
그것은 노란색이에요. 그리고 그것은 하얀색이에요!

Reading Pattern 08 : Is it a cat?

✔ Pattern Reading

본문 해석

이것은 무슨 동물인가요? 그것은 고양이인가요?
그것은 새인가요? 그것은 얼룩말인가요? 그것은 원숭이인가요?
크아아~ 그것은 사자인가요? 아니요, 그렇지 않아요.
그것은 개인가요? 네, 맞아요. 그것은 나의 애완견이에요!

✔ Story Check ⓒ

01 단어만 알면 된다

1 monkey 2 zebra 3 dog 4 bird

02 문장만 알면 된다

1 dog 2 cat 3 lion 4 zebra

03 순서만 알면 된다

1 3, 4, 1, 2 Is it a monkey?

2 4, 1, 2, 3 Is it a lion?

3 4, 2, 1, 3 Is it a cat?

4 1, 3, 4, 2 Is it a zebra?

04 쓰기만 하면 된다

zebra, bird, lion, Is it

본문 해석

이것은 무슨 동물인가요? 그것은 얼룩말인가요?

그것은 새인가요? 그것은 사자인가요? 그것은 원숭이인가요?

네, 맞아요.

Reading Pattern 09 It's heavy.

✓ Pattern Reading

본문 해석

(각자 물건을 가져 와서 발표하기)

그것은 가벼워요. 때때로 그것은 무거워요.

그것은 무엇일까요? 그것은 솜이에요.

그것은 부드러워요. 때때로 그것은 딱딱해요.

그것은 무엇일까요? 그것은 점토예요.

그것은 더러워요. 때때로 그것은 깨끗해요.

그것은 무엇일까요? 내 신발.

✓ Story Check 1 T 2 F

01 단어만 알면 된다

1 clean 2 heavy 3 dirty 4 soft

02 문장만 알면 된다

1 It's light 2 It's hard. 3 It's dirty 4 It's soft.

03 순서만 알면 된다

1 3, 1, 2 It is light. 2 2, 3, 1 It is soft.

3 2, 1, 3 It is dirty. 4 3, 2, 1 It is heavy.

04 쓰기만 하면 된다

heavy, hard, light, soft

본문 해석

이것은 나의 로봇, 도미예요! 그것은 무거워요. 그것은 딱딱해요.

이것은 나의 애완 고양이, 로키예요!

그것은 가벼워요. 그것은 부드러워요.

Reading Pattern 10 How many apples?

✓ Pattern Reading

본문 해석

쇼핑 가자. 사과가 몇 개지? 배가 몇 개지? 하나, 둘, 셋 …

멜론이 몇 개지? 하나면 충분해.

바나나가 몇 개지? 오렌지가 몇 개지? 하나, 둘, 셋 …

자두가 몇 개지? 하나면 충분해.

✓ Story Check 1 ⓐ 2 ⓐ

01 단어만 알면 된다

1 pear 2 plum 3 banana 4 melon

02 문장만 알면 된다

1 apples 2 oranges 3 pears 4 melons

03 순서만 알면 된다

1 2, 1, 3 How many apples?

2 3, 1, 2 How many bananas?

3 1, 3, 2 How many plums?

4 2, 3, 1 How many pears?

04 쓰기만 하면 된다

bananas, How, apples, many

본문 해석

샐러드를 만들자. 바나나가 몇 개지?

멜론이 몇 개지? 사과가 몇 개지?

자두가 몇 개지?

좋아, 이제 준비됐어.

Review 2 (Patterns 06~10)

A **1** ball　**2** yellow　**3** zebra　**4** heavy　**5** banana　**6** pen

B **1** How many oranges?　오렌지가 몇 개인가요?
2 It's a hat.　그것은 모자예요.
3 It's green.　그것은 초록색이에요.
4 Is it a monkey?　그것은 원숭이인가요?
5 It's hard.　그것은 딱딱해요.

C **1** What's, bag
A: 이것은 무엇이니?　　B: 그것은 가방이야.
2 Is it, Yes
A: 그것은 새니?　　B: 그래, 맞아.
3 plums, Three
A: 자두가 몇 개 인가요?　B: 세 개예요.

D **1** this, ball, blue, It's

본문 해석

이것은 무엇인가요? 그것은 공이에요.
그것은 파란색과 하얀색이에요. 그것은 가벼워요.

2 Is, No, cat

본문 해석

이것은 무슨 동물인가요? 그것은 개인가요?
아니요, 그렇지 않아요.
그것은 고양이에요.

Reading Pattern 11　Sit down, please.

✓ **Pattern Reading**

본문 해석

안녕하세요, 몬스터들! 일어나세요. 앉으세요. 문을 여세요.
문을 닫으세요. 안으로 들어오세요. 밖으로 나가세요.
너희는 나쁜, 나쁜 몬스터들이구나!

✓ **Story Check** **1** T　**2** F

1 close　**2** stand　**3** come　**4** sit

1 Open the door, please.
2 Come in, please.
3 Stand up, please.
4 Go out, please.

03 순서만 알면 된다

1 3, 2, 1　Stand up, please.
2 1, 3, 2　Close the door, please.
3 2, 3, 1　Open the door, please.
4 1, 3, 2　Go out, please.

04 쓰기만 하면 된다

Sit, Open, please, Go

본문 해석

일어나세요. 앉으세요. 문을 여세요. 문을 닫으세요.
들어오세요. 나가세요.

Reading Pattern 12　Don't touch.

✓ **Pattern Reading**

본문 해석

해피 동물원에 오신 것을 환영합니다.
"동물을 만지지 마세요. 동물에게 먹이를 주지 마세요.
들어가지 마세요. 밀지 마세요. 올라가지 마세요."
이제 들어가요! "뛰지 마, 라이언!"

✓ **Story Check** **1** ⓐ　**2** ⓑ

01 단어만 알면 된다

1 touch　**2** feed　**3** run　**4** climb

02 문장만 알면 된다

1 enter　**2** run　**3** feed　**4** touch

03 순서만 알면 된다

1 1, 3, 2　Do not enter.　**2** 2, 1, 3　Do not push.
3 3, 1, 2　Do not run.　**4** 3, 2, 1　Do not climb.

04 쓰기만 하면 된다

push, Don't, climb, run

본문 해석

만지지 마세요. 밀지 마세요. 먹지 마세요.
올라가지 마세요. 뛰지 마세요.

Reading Pattern 13 — I have two ears.

✓ **Pattern Reading**

본문 해석

나는 귀가 두 개 있어요. 나는 눈이 두 개 있어요.
나는 입이 하나 있고 코가 하나 있어요.
나는 꼬리가 있어요. 나는 다리가 네 개 있어요.
나는 달리기를 좋아해요.
나는 작은 애완동물이에요.
나는 누구일까요? (정답: 햄스터)

✓ **Story Check** 1 F 2 T

01 단어만 알면 된다

1 nose 2 ears 3 legs 4 tail

02 문장만 알면 된다

1 I have two eyes.
2 I have four legs.
3 I have a tail.
4 I have a nose.

03 순서만 알면 된다

1 2, 1, 3, 4 I have two eyes.
2 1, 2, 4, 3 I have four legs.
3 3, 1, 2, 4 I have a mouth.
4 2, 1, 4, 3 I have a tail.

04 쓰기만 하면 된다

eyes, I have, nose, legs

본문 해석

나는 눈이 두 개 있어요. 나는 귀가 두 개 있어요.
나는 코가 한 개 있고, 입이 한 개 있어요.
나는 다리가 네 개 있어요.
나는 정글의 왕이에요.

Reading Pattern 14 — Do you have a pencil?

✓ **Pattern Reading**

본문 해석

아, 이런! 이것은 내 동생 가방이야. 너 책 있어?
너 지우개 있어? 너 공책 있어? 너 연필 있어?
너 자 있어? 너 풀 있어? 응, 있어.
너는 정말 친절해.

✓ **Story Check** 1 ⓑ 2 ⓐ

01 단어만 알면 된다

1 pencil 2 eraser 3 book 4 glue

02 문장만 알면 된다

1 a notebook 2 a ruler 3 a book 4 glue

03 순서만 알면 된다

1 3, 4, 1, 2 Do you have a book?
2 2, 3, 1, 4 Do you have a pencil?
3 4, 1, 2, 3 Do you have an eraser?
4 3, 2, 1, 4 Do you have glue?

04 쓰기만 하면 된다

pencil, Do you, have, Do

본문 해석

너 연필 있어? 너 지우개 있어? 너 자 있어? 너 풀 있어?
아니오, 없어요. 가게에 함께 가자.

Reading Pattern 15 — Is this your cap?

✓ **Pattern Reading**

본문 해석

상자에 뭐가 있지? 이것은 네 모자니? 이것은 시계니?
네, 맞아요. 이것은 네 깃발이니? 이것은 네 거울이니?
네, 맞아요. 이것은 네 배트니?
이것은 네 우산이니? 네! 감사해요.

✓ **Story Check** ⓑ

01 단어만 알면 된다

1 cap　2 flag　3 mirror　4 umbrella

02 문장만 알면 된다

1 Is this your watch?　2 Is this your cap?

3 Is this your mirror?　4 Is this your umbrella?

03 순서만 알면 된다

1 2, 1, 4, 3　Is this your mirror?

2 3, 2, 4, 1　Is this your umbrella?

3 2, 4, 3, 1　Is this your bat?

4 1, 2, 3, 4　Is this your cap?

04 쓰기만 하면 된다

cap, Is this, your, your bat

본문 해석

이것은 네 모자니? 이것은 네 시계니? 응, 맞아.

이것은 네 거울이니? 이것은 네 배트니? 응, 맞아.

Review 3 (Patterns 11~15)

A 1 sit　2 feed　3 mouth　4 book

　5 umbrella　　6 open

B 1 stand　일어나세요.

　2 climb　올라가지 마세요.

　3 nose　나는 코가 한 개 있어요.

　4 glue　너 풀 있니?

　5 flag　이것은 네 깃발이니?

C 1 Close

　　A: 문을 닫아주세요.　B: 네.

　2 eraser, do

　　A: 너 지우개 있어?　B: 응, 있어.

　3 ruler

　　A: 이것은 네 자니?　B: 응, 맞아.

D 1 please, Sit, Don't

본문 해석

안녕하세요, 학생 여러분! 들어오세요! 앉으세요.

오, 안 돼요! 밀지 마세요.

2 Do, Is

본문 해석

너 펜 있니? 응, 있어. 이것은 네 가방이니?

아니, 그것은 내 가방이 아니야.

Reading Pattern 16　I can swim.

✓ Pattern Reading

본문 해석

나는 많은 것을 할 수 있어요. 나는 스키를 탈 수 있어요.

나는 스케이트를 탈 수 있어요. 나는 수영을 할 수 있어요.

나는 뛸 수 있어요.

나 역시 많은 것을 할 수 있어요. 나는 노래를 부를 수 있어요.

나는 춤을 출 수 있어요.

우리는 많은 것을 할 수 있어요. 우리는 좋은 친구예요.

✓ Story Check ⓑ

01 단어만 알면 된다

1 skate　2 jump　3 ski　4 dance

02 문장만 알면 된다

1 sing　2 jump　3 swim　4 ski

03 순서만 알면 된다

1 3, 2, 1　I can dance.

2 2, 1, 3　I can sing.

3 1, 3, 2　I can skate.

4 3, 2, 1　I can jump.

04 쓰기만 하면 된다

swim, I can, skate, jump

본문 해석

나는 수영을 좋아해요.

나는 수영을 할 수 있어요.

나는 스키와 스케이트를 탈 수 있어요.

나는 매우 빨라요.

그리고 나는 매우 높이 뛸 수 있어요.

Reading Pattern 17 ⟫ He can **build.**

✔ Pattern **Reading**

본문 해석

이 사람은 나의 아빠예요. 그는 (물건을) 지을 수 있어요.
그는 요리 할 수 있어요.
이 사람은 나의 엄마예요. 그녀는 페인트칠 할 수 있어요.
그녀는 운전 할 수 있어요.
나의 남동생, 잭이에요. 그는 던질 수 있어요.
그리고 나는 받을 수 있어요.

✔ Story **Check** 1 T 2 F

01 단어만 알면 된다

1 catch 2 paint 3 build 4 drive

02 문장만 알면 된다

1 He can cook. 2 He can catch.
3 She can paint. 4 She can drive.

03 순서만 알면 된다

1 3, 1, 2 He can cook.
2 3, 2, 1 She can catch.
3 1, 3, 2 She can paint.
4 2, 1, 3 He can drive.

04 쓰기만 하면 된다

cook, He can, paint, She can

본문 해석

브라이언은 많은 것을 할 수 있어요.
그는 요리 할 수 있어요. 그는 지을 수 있어요.
제니는 많은 것을 할 수 있어요.
그녀는 그릴 수 있어요. 그녀는 받을 수 있어요.

Reading Pattern 18 ⟫ Can I **come in?**

✔ Pattern **Reading**

본문 해석

학교 놀이하자. 좋아. 나는 교사야. 너는 새로운 학생이야.
들어가도 되나요? 여기에 앉아도 되나요? 물론이지.

그것을 만져도 되나요? 그것을 사용해도 되나요?
그것을 빌려도 되나요? 물론이지.
그것을 맛봐도 되나요? 안돼!

✔ Story **Check** ⓑ

01 단어만 알면 된다

1 sit here 2 taste it 3 touch it 4 use it

02 문장만 알면 된다

1 sit here 2 use it 3 borrow it 4 taste it

03 순서만 알면 된다

1 1, 3, 2 Can I sit here?
2 3, 2, 1 Can I touch it?
3 3, 1, 2 Can I use it?
4 2, 1, 3 Can I come in?

04 쓰기만 하면 된다

come in, Can I, use it, Sure

본문 해석

나는 새로 온 학생이에요. 들어가도 되나요? 물론이죠. 환영해요!
여기에 앉아도 되나요? 그것을 사용해도 되나요?
그것을 빌려도 되나요? 물론이죠.

Reading Pattern 19 ⟫ I like **carrots.**

✔ Pattern **Reading**

본문 해석

나는 요리사예요. 나는 야채수프를 만들어요.
나는 당근을 좋아해요. 나는 감자를 좋아해요.
나는 호박을 좋아해요. 나는 오이를 좋아해요.
나는 양파를 좋아해요. 나는 토마토를 좋아해요.
맛봐도 되나요? 윽!

✔ Story **Check** ⓐ

01 단어만 알면 된다

1 tomato 2 potato 3 carrot 4 onion

02 문장만 알면 된다

1 I like tomatoes. 2 I like carrots.

3 I like pumpkins.   **4** I like onions.

03 순서만 알면 된다

1 2, 3, 1   I like carrots.

2 1, 3, 2   I like onions.

3 3, 2, 1   I like tomatoes.

4 3, 1, 2   I like potatoes.

04 쓰기만 하면 된다

pumpkins, I like, potatoes, like

본문 해석

나는 호박을 좋아해요. 나는 호박 수프를 좋아해요.

나는 토마토를 좋아해요. 나는 토마토 주스를 좋아해요.

나는 감자를 좋아해요. 나는 감자 수프를 좋아해요.

Reading Pattern 20   Do you like **fish**?

✔ Pattern Reading

본문 해석

생선을 좋아하나요?

아니요, 그렇지 않아요. 나는 스테이크를 좋아해요.

우유를 좋아하나요?

아니요! 나는 우유가 아니라 주스를 좋아해요.

샐러드를 좋아하나요?

아니요! 나는 샐러드가 아니라 빵을 좋아해요.

피자를 좋아하나요?

네, 나는 피자를 매우 좋아해요.

✔ Story Check   **1** ⓑ   **2** ⓐ

01 단어만 알면 된다

1 fish   **2** steak   **3** pizza   **4** salad

02 문장만 알면 된다

1 bread   **2** milk   **3** pizza   **4** fish

03 순서만 알면 된다

1 3, 1, 2, 4   Do you like bread?

2 4, 1, 3, 2   Do you like salad?

3 3, 2, 4, 1   Do you like pizza?

4 1, 4, 2, 3   Do you like milk?

04 쓰기만 하면 된다

milk, bread, fish, Do you

본문 해석

우유를 좋아하나요? 빵을 좋아하나요?

생선을 좋아하나요? 샐러드를 좋아하나요?

네, 나는 그것들 모두를 좋아해요.

Review 4 (Patterns 16~20)

A   **1** dance   **2** drive   **3** sit here   **4** cucumber

    5 salad   **6** cook

B   **1** He can paint.   그는 그릴 수 있어요.

    2 Can I come in?   들어가도 되나요?

    3 Do you like fish?   생선을 좋아하나요?

    4 I like pumpkins.   나는 호박을 좋아해요.

    5 I can ski.   나는 스키를 탈 수 있어요.

C   **1** throw, She

    A: 그는 던질 수 있어요.   B: 그녀는 받을 수 있어요.

    2 come in

    A: 들어가도 되나요?   B: 물론이죠.

    3 bread, Yes

    A: 빵을 좋아하나요?   B: 네, 좋아해요.

D   **1** pizza, Yes, Can I

본문 해석

피자를 좋아하니? 어, 좋아해. 그것을 맛 봐도 되니?

물론이지.

2 cook, steak, I like, can

본문 해석

나의 아빠는 요리를 할 수 있어요. 스테이크를 좋아하나요?

나도 스테이크를 좋아해요.

우리 아빠는 스테이크를 요리 할 수 있어요.

Reading Pattern 21 — It's on the chair.

✓ Pattern Reading

본문 해석

캐럿은 나의 애완 고양이예요. 그것은 어디에 있을까요?
오! 나는 그것을 봤어요. 그것은 침대 위에 있어요.
그것은 의자 위에 있어요. 그것은 탁자 아래에 있어요.
이제, 그것은 상자 안에 있어요.

✓ Story Check ⓑ

01 단어만 알면 된다

1 on the bed
2 under the chair
3 in the box
4 on the chair

02 문장만 알면 된다

1 It's on the chair.
2 It's on the bed.
3 It's on the table.
4 It's under the table.

03 순서만 알면 된다

1 3, 2, 1 It's on the bed.
2 2, 1, 3 It's under the table.
3 3, 1, 2 It's on the chair.
4 3, 2, 1 It's in the box.

04 쓰기만 하면 된다

on, under, chair, in

본문 해석

나는 공이 네 개 있어요.
그것은 침대 위에 있어요. 그것은 탁자 아래에 있어요.
그것은 의자 위에 있어요. 그것은 상자 안에 있어요.

Reading Pattern 22 — It's Sunday.

✓ Pattern Reading

본문 해석

제 일정을 보세요.
월요일이에요. 수요일이에요.
수영 수업이 있어요.
화요일이에요. 목요일이에요.

피아노 수업이 있어요.
금요일이에요. 토요일이에요.
미술 수업이 있어요.
일요일이에요. 놀자!

✓ Story Check 1 F 2 T

01 단어만 알면 된다

1 O, A → Monday 2 F, D → Friday 3 U, Y → Sunday
4 E, S → Wednesday 5 U, S → Tuesday

02 문장만 알면 된다

1 Tuesday 2 Friday 3 Monday 4 Thursday

03 순서만 알면 된다

1 1, 3, 2 It is Monday.
2 3, 1, 2 It is Friday.
3 2, 3, 1 It is Saturday.
4 2, 1, 3 It is Sunday.

04 쓰기만 하면 된다

Monday, Wednesday, Thursday, It's

본문 해석

월요일이에요. 책 읽는 날! 수요일이에요. 요리하는 날!
목요일이에요. 음악하는 날! 금요일이에요. 치킨 먹는 날!

Reading Pattern 23 — The brush is 200 won.

✓ Pattern Reading

본문 해석

벼룩시장이다! 그것은 얼마예요? 그 머리 빗은 200원이에요.
그 머리띠는 300원이에요. 그 필통은 400원이에요.
그 축구공은 1,000원이에요. 그 크레용은 100원이에요.
그 점토는 300원이에요. 나는 쇼핑을 좋아해요.

✓ Story Check 1 ⓑ 2 ⓐ

01 단어만 알면 된다

1 brush 2 soccer ball 3 crayon 4 hair band

02 문장만 알면 된다

1 The pencil case is 100 won.
2 The clay is 400 won.

3 The brush is 200 won.

4 The soccer ball is 300 won.

03 순서만 알면 된다

1 1, 3, 2 The brush is 200 won.

2 3, 2, 1 The pencil case is 400 won.

3 2, 1, 3 The soccer ball is 1,000 won.

4 3, 1, 2 The hair band is 300 won.

04 쓰기만 하면 된다

pencil case, clay, hair band, brush

본문 해석

나의 쇼핑 목록!

필통은 300원이에요. 점토는 200원이에요.

머리띠는 500원이에요. 머리 빗은 700원이에요.

Reading Pattern 24 It's sunny.

✓ Pattern Reading

본문 해석

오늘 날씨가 어때? 흐리고 바람이 불어. 비가 오고 안개가 끼었어.

오늘 날씨가 어때? 오늘 화창해. 해변에서 놀기 좋아.

오늘 눈이 와. 눈 속에서 놀기 좋아.

✓ Story Check ⓑ

01 단어만 알면 된다

1 cloudy 2 foggy 3 sunny 4 snowy

02 문장만 알면 된다

1 sunny 2 snowy 3 windy 4 rainy

03 순서만 알면 된다

1 1, 3, 2 It is cloudy.   2 2, 1, 3 It is sunny.

3 3, 1, 2 It is foggy.   4 1, 3, 2 It is rainy.

04 쓰기만 하면 된다

cloudy, It's, rainy, sunny

본문 해석

이번 주 날씨가 어때요? 월요일! 흐려요. 화요일! 안개가 꼈어요.

수요일! 비가 와요. 목요일! 화창해요. 금요일! 눈이 와요.

Reading Pattern 25 It's time for breakfast.

✓ Pattern Reading

이것은 시간표예요. 아침 식사할 시간이에요.

학교 갈 시간이에요. 점심 식사할 시간이에요.

저녁 식사할 시간이에요. 잠자리에 들 시간이에요.

한 가지가 빠졌어요. 숙제 할 시간이에요.

✓ Story Check 1 ⓐ 2 ⓑ

본문 해석

01 단어만 알면 된다

1 breakfast 2 homework 3 school 4 bed

02 문장만 알면 된다

1 It's time for breakfast.

2 It's time for school.

3 It's time for lunch.

4 It's time for homework.

03 순서만 알면 된다

1 4, 1, 3, 2 It's time for breakfast.

2 2, 4, 3, 1 It's time for school.

3 1, 4, 3, 2 It's time for homework.

4 1, 2, 4, 3 It's time for dinner.

04 쓰기만 하면 된다

breakfast, It's, homework, bed

본문 해석

아침 식사할 시간이에요. 학교 갈 시간이에요.

숙제 할 시간이에요. 잠자리에 들 시간이에요. 바쁜 하루예요!

Review 5 (Patterns 21~25)

A 1 crayon   2 sunny   3 brush   4 hair band

　 5 Monday   6 bed

B 1 box 그것은 상자 안에 있어요.

　 2 Tuesday 화요일이에요.

　 3 hair band 머리띠는 300원이에요.

　 4 snowy 눈이 와요.

---

⑤ breakfast 아침 식사할 시간이에요.

C ① Where, chair

A: 개는 어디에 있어요?   B: 그것은 의자 위에 있어요.

② What, Friday

A: 오늘 무슨 요일이에요? B: 금요일이에요.

③ much, The soccer ball

A: 그것은 얼마예요?   B: 그 축구공은 1,000원이에요.

D ① hair band, on, brush

본문 해석

머리띠가 100원이야. 어디? 그것은 탁자 위에 있어.
우와! 머리 빗은 200원이야. 나는 벼룩 시장이 좋아.

② time, It's, How, sunny

본문 해석

애나, 아침 식사할 시간이야! 엄마, 오늘 무슨 요일이에요?
토요일이야. 날씨는 어때요? 화창해.

Reading Pattern 26 Let's play soccer.

✓ Pattern Reading

본문 해석

나는 운동경기 하는 것을 좋아해요. 테니스 치자.
축구 하자. 야구 하자. 농구 하자. 배드민턴 치자.
배구 하자.
미안하지만 안돼. 나는 바빠.
하지만 넌 맥스와 함께 놀 수 있어.

✓ Story Check ① T ② F

01 단어만 알면 된다

① tennis   ② soccer
③ badminton   ④ basketball

02 문장만 알면 된다

① basketball   ② badminton
③ volleyball   ④ baseball

03 순서만 알면 된다

① 2, 3, 1 Let's play tennis.

② 1, 3, 2 Let's play volleyball.

③ 3, 1, 2 Let's play soccer.

④ 2, 3, 1 Let's play baseball.

04 쓰기만 하면 된다

soccer, Let's, basketball, play

본문 해석

나는 운동경기 하는 것을 좋아해요. 축구 하자.
야구 하자. 농구 하자. 배구 하자.

Reading Pattern 27 Do you want some juice?

✓ Pattern Reading

본문 해석

파이 좀 먹을래요? 주스 좀 마실래요?
물 좀 마실래요? 아이스크림 좀 먹을래요?
옥수수 좀 먹을래요?
네, 주세요. 오, 나는 배가 고파요.
케이크 좀 먹을래요? 네, 주세요.
우리는 행복해요.

✓ Story Check ⓐ

01 단어만 알면 된다

① corn ② juice ③ ice cream ④ cake

02 문장만 알면 된다

① Do you want some cake?

② Do you want some water?

③ Do you want some pie?

④ Do you want some juice?

03 순서만 알면 된다

① 2, 1, 4, 3 Do you want some pie?

② 4, 2, 1, 3 Do you want some water?

③ 4, 2, 3, 1 Do you want some corn?

④ 1, 4, 2, 3 Do you want some cake?

04 쓰기만 하면 된다

ice cream, some pie, Do you, juice

본문 해석

아이스크림 좀 먹을래요? 파이 좀 먹을래요?

케이크 좀 먹을래요? 주스 좀 마실래요? 네, 주세요.

Reading Pattern 28 ⟩ I want **a skirt.**

✓ **Pattern Reading**

본문 해석

무엇을 원하나요? 나는 치마를 원해요. 나는 코트를 원해요.

나는 목도리를 원해요. 정말 예쁘다! 나는 그게 좋아요.

무엇을 원하나요? 나는 티셔츠를 원해요. 나는 재킷을 원해요.

나는 신발을 원해요. 정말 멋지다! 나는 그게 좋아요.

✓ **Story Check** ⓐ

01 단어만 알면 된다

1 coat 2 shoes 3 skirt 4 scarf

02 문장만 알면 된다

1 a jacket 2 a T-shirt 3 shoes 4 a coat

03 순서만 알면 된다

1 2, 1, 3, 4 I want a skirt.

2 1, 4, 3, 2 I want a coat.

3 3, 1, 4, 2 I want a T-shirt.

4 3, 2, 1 I want shoes.

04 쓰기만 하면 된다

skirt, T-shirt, scarf, jacket

본문 해석

나는 빨간색 치마를 원해요. 나는 노란색 티셔츠를 원해요.

나는 목도리를 원해요. 아름다운 목도리!

나는 분홍색 재킷을 원해요.

Reading Pattern 29 ⟩ I'm **watching TV.**

✓ **Pattern Reading**

본문 해석

무엇을 하고 있나요? 나는 그림을 그리고 있어요.

나는 책을 읽고 있어요. 나는 음악을 듣고 있어요.

나는 피아노를 치고 있어요. 나는 게임을 하고 있어요.

무엇을 하고 있나요? 나는 텔레비전을 보고 있어요.

지금은 잠자고 있어요.

✓ **Story Check** 1 F 2 F

01 단어만 알면 된다

1 (play) the piano 2 (draw) a picture

3 (read) a book 4 (listen) to music

02 문장만 알면 된다

1 I'm playing a game.

2 I'm listening to music.

3 I'm watching TV.

4 I'm reading a book.

03 순서만 알면 된다

1 3, 4, 1, 2 I'm reading a book.

2 3, 2, 4, 1 I'm listening to music.

3 1, 4, 2, 3 I'm playing a game.

4 2, 3, 1, 4 I'm drawing a picture.

04 쓰기만 하면 된다

reading, piano, drawing, I'm

본문 해석

무엇을 하고 있나요? 나는 책을 읽고 있어요.

나는 피아노를 치고 있어요. 나는 그림을 그리고 있어요.

나는 게임을 하고 있어요. 나는 이 시간을 즐겨요.

Reading Pattern 30 ⟩ She is **cleaning the room.**

✓ **Pattern Reading**

본문 해석

이것은 로비예요. 그녀는 방을 청소하고 있어요.

그녀는 설거지를 하고 있어요.

그녀는 진공청소기로 바닥을 청소하고 있어요.

이것은 토비예요. 그는 식탁을 차리고 있어요.

그는 엄마를 돕고 있어요. 그는 개를 산책시키고 있어요.

힘든 하루예요!

Reading Pattern & Review 정답

✔ **Story Check** 1 ⓐ 2 ⓑ

01 단어만 알면 된다

1 help Mom   2 walk the dog
3 set the table   4 clean the room

02 문장만 알면 된다

1 vacuuming   2 setting
3 washing   4 walking

03 순서만 알면 된다

1 2, 1, 4, 3 He is vacuuming the floor.
2 3, 2, 1, 4 She is cleaning the room.
3 4, 2, 1, 3 He is helping Mom.
4 1, 4, 3, 2 He is setting the table.

04 쓰기만 하면 된다

dishes, He is, cleaning, She is

본문 해석

지민은 무엇을 하고 있나요?
그는 설거지를 하고 있어요.
그는 진공청소기로 바닥을 청소하고 있어요.
예나는 무엇을 하고 있나요?
그녀는 방을 청소하고 있어요.
그녀는 식탁을 차리고 있어요.

A: 배드민턴 치자.   B: 좋아.
3 What, drawing
   A: 무엇을 하고 있나요?   B: 나는 그림을 그리고 있어요.

D 1 soccer, Sorry, helping, cleaning

본문 해석

축구 하자. 미안하지만 안돼.
나는 바빠. 나는 엄마를 돕고 있어.
그녀는 방 청소를 하고 있어.

2 doing, cooking, pie

본문 해석

너는 무엇을 하고 있니?
나는 파이를 만들고 있어.
파이 좀 먹을래? 그래, 줘.
나는 매우 배고파.

Review 6 (Patterns 26~30)

A 1 baseball   2 pie   3 skirt   4 listen to music
   5 scarf   6 set the table

B 1 I'm playing the piano. 나는 피아노를 치고 있어요.
   2 Let's play soccer. 축구 하자.
   3 She is washing the dishes.
      그녀는 설거지를 하고 있어요.
   4 I want a coat. 나는 코트를 원해요.
   5 Do you want some juice? 주스 좀 마실래요?

C 1 water, Yes
      A: 물 좀 마실래요?   B: 네, 주세요.
   2 badminton

Reading Pattern 01/ I am happy.

A
1 화난　2 배고픈　3 행복한　4 목마른
5 슬픈　6 피곤한

B
1 I am thirsty.　2 I am hungry.
3 I am sad.　4 I am happy.
5 I am angry.　6 I am tired.

Reading Pattern 02/ I'm ten years old.

A
1 여덟　2 일곱　3 열하나　4 열
5 아홉　6 열둘

B
1 I'm seven years old.
2 I'm twelve years old.
3 I'm eight years old.
4 I'm nine years old.
5 I'm eleven years old.
6 I'm ten years old.

Reading Pattern 03/ This is my mother.

A
1 여자 형제　2 어머니　3 할아버지
4 남자 형제　5 아버지　6 할머니

B
1 This is my mother.
2 This is my sister.
3 This is my brother.
4 This is my father.
5 This is my grandmother.
6 This is my grandfather.

Reading Pattern 04/ She is pretty.

A
1 친절한　2 힘센　3 똑똑한
4 예쁜　5 웃기는　6 키가 큰

B
1 She is pretty.　2 He is kind.
3 She is smart.　4 He is strong.
5 She is funny.　6 He is tall.

Reading Pattern 05/ He is a doctor.

A
1 댄서　2 교사　3 소방관
4 의사　5 요리사　6 가수

B
1 She is a cook.　2 He is a doctor.
3 He is a dancer.　4 She is a singer.
5 She is a teacher.　6 He is a firefighter.

Reading Pattern 06/ It is a pen.

A
1 가방　2 컵　3 펜　4 포크
5 공　6 모자

B
1 It is a hat.　2 It is a cup.
3 It is a fork.　4 It is a pen.
5 It is a ball.　6 It is a bag.

Reading Pattern 07/ It's blue.

A
1 빨간색　2 초록색　3 흰색　4 파란색
5 노란색　6 보라색

B
1 It's blue.　2 It's green.
3 It's red.　4 It's white.
5 It's yellow.　6 It's purple.

Reading Pattern 08/ Is it a cat?

A
1 얼룩말　2 개　3 원숭이　4 새
5 고양이　6 사자

B
1 Is it a zebra?　2 Is it a dog?
3 Is it a bird?　4 Is it a lion?
5 Is it a cat?　6 Is it a monkey?

Reading Pattern 09/ It's heavy.

A
1 깨끗한　2 더러운　3 가벼운　4 부드러운
5 무거운　6 딱딱한

(B) 1 It's heavy. 2 It's dirty.
3 It's hard. 4 It's clean.
5 It's light. 6 It's soft.

(B) 1 I have two eyes. 2 I have a nose.
3 I have a tail. 4 I have four legs.
5 I have two ears. 6 I have a mouth.

Reading Pattern 10/ How many apples?

(A) 1 멜론 2 배 3 바나나 4 사과
5 오렌지 6 자두

(B) 1 How many oranges?
2 How many bananas?
3 How many apples?
4 How many pears?
5 How many melons?
6 How many plums?

Reading Pattern 14/ Do you have a pencil?

(A) 1 책 2 지우개 3 공책 4 연필 5 자 6 풀

(B) 1 Do you have a pencil?
2 Do you have an eraser?
3 Do you have a ruler?
4 Do you have a notebook?
5 Do you have glue?
6 Do you have a book?

Reading Pattern 11/ Sit down, please.

(A) 1 서다 2 닫다 3 열다 4 오다
5 가다 6 앉다

(B) 1 Stand up, please.
2 Close the door, please.
3 Sit down, please.
4 Open the door, please.
5 Come in, please.
6 Go out, please.

Reading Pattern 15/ Is this your cap?

(A) 1 모자 2 시계 3 배트 4 우산 5 깃발 6 거울

(B) 1 Is this your cap?
2 Is this your watch?
3 Is this your umbrella?
4 Is this your flag?
5 Is this your mirror?
6 Is this your bat?

Reading Pattern 12/ Don't touch.

(A) 1 들어가다 2 먹이를 주다 3 달리다
4 오르다 5 밀다 6 만지다

(B) 1 Don't touch. 2 Don't enter.
3 Don't push. 4 Don't run.
5 Don't climb. 6 Don't feed the animals.

Reading Pattern 16/ I can swim.

(A) 1 스케이트를 타다 2 수영하다 3 춤추다
4 노래 부르다 5 뛰다 6 스키를 타다

(B) 1 I can jump. 2 I can skate.
3 I can swim. 4 I can dance.
5 I can ski. 6 I can sing.

Reading Pattern 17/ He can build.

(A) 1 운전하다 2 요리하다
3 그리다, 페인트를 칠하다 4 짓다
5 던지다 6 받다

Reading Pattern 13/ I have two ears.

(A) 1 입 2 눈 3 꼬리 4 코 5 다리 6 귀

B
1. He can drive.
2. She can throw.
3. He can catch.
4. She can build.
5. He can cook.
6. She can paint.

Reading Pattern 18/ Can I come in?

A
1. 그것을 맛보다
2. 여기에 앉다
3. 들어오다
4. 그것을 만지다
5. 그것을 사용하다
6. 그것을 빌리다

B
1. Can I come in?
2. Can I use it?
3. Can I taste it?
4. Can I sit here?
5. Can I borrow it?
6. Can I touch it?

Reading Pattern 19/ I like carrots.

A
1. 토마토
2. 오이
3. 감자
4. 당근
5. 양파
6. 호박

B
1. I like pumpkins.
2. I like onions.
3. I like potatoes.
4. I like carrots.
5. I like tomatoes.
6. I like cucumbers.

Reading Pattern 20/ Do you like fish?

A
1. 샐러드
2. 생선
3. 빵
4. 스테이크
5. 우유
6. 피자

B
1. Do you like steak?
2. Do you like milk?
3. Do you like bread?
4. Do you like pizza?
5. Do you like fish?
6. Do you like salad?

Reading Pattern 21/ It's on the chair.

A
1. 침대 위에
2. 의자 위에
3. 탁자 아래에
4. 의자 아래에
5. 상자 안에
6. 바구니 안에

B
1. It's on the chair.
2. It's in the box.
3. It's under the table.
4. It's in the basket.
5. It's on the bed.
6. It's under the chair.

Reading Pattern 22/ It's Sunday.

A
1. 월요일
2. 목요일
3. 금요일
4. 일요일
5. 토요일
6. 화요일
7. 수요일

B
1. It's Monday.
2. It's Sunday.
3. It's Friday.
4. It's Tuesday.
5. It's Thursday.
6. It's Wednesday.

Reading Pattern 23/ The brush is 200 won.

A
1. (머리) 빗
2. 점토
3. 크레용
4. 필통
5. 머리띠
6. 축구공

B
1. The brush is 100 won.
2. The crayon is 200 won.
3. The clay is 300 won.
4. The pencil case is 400 won.
5. The hair band is 500 won.
6. The soccer ball is 600 won.

Reading Pattern 24/ It's sunny.

A
1. 화창한
2. 바람 부는
3. 비가 오는
4. 눈이 오는
5. 안개 낀
6. 구름 낀

B
1. It's sunny.
2. It's rainy.
3. It's cloudy.
4. It's snowy.
5. It's foggy.
6. It's windy.

Reading Pattern 25/ It's time for breakfast.

A
1. 아침 식사
2. 점심 식사
3. 침대
4. 숙제
5. 저녁 식사
6. 학교

B
1. It's time for breakfast.
2. It's time for dinner.
3. It's time for bed.
4. It's time for school.
5. It's time for homework.
6. It's time for lunch.

Reading Pattern 26/ Let's play soccer.

A
1. 농구
2. 배구
3. 테니스
4. 축구
5. 배드민턴
6. 야구

B
1. Let's play basketball.
2. Let's play volleyball.
3. Let's play soccer.
4. Let's play tennis.
5. Let's play baseball.
6. Let's play badminton.

Reading Pattern 27/ Do you want some juice?

A
1. 아이스크림
2. 파이
3. 케이크
4. 주스
5. 옥수수
6. 물

B
1. Do you want some cake?
2. Do you want some ice cream?
3. Do you want some pie?
4. Do you want some juice?
5. Do you want some corn?
6. Do you want some water?

Reading Pattern 28/ I want a skirt.

A
1. 신발
2. 티셔츠
3. 치마
4. 코트
5. 재킷
6. 스카프, 목도리

B
1. I want shoes.
2. I want a scarf.
3. I want a skirt.
4. I want a jacket.
5. I want a T-shirt.
6. I want a coat.

Reading Pattern 29/ I'm watching TV.

A
1. 그림을 그리다
2. 게임을 하다
3. 음악을 듣다
4. 책을 읽다
5. 텔레비전을 보다
6. 피아노를 치다

B
1. I'm playing the piano.
2. I'm drawing a picture.
3. I'm reading a book.
4. I'm playing a game.
5. I'm watching TV.
6. I'm listening to music.

Reading Pattern 30/ She is cleaning the room.

A
1. 방 청소를 하다
2. 엄마를 돕다
3. 설거지를 하다
4. 진공청소기로 바닥을 청소하다
5. 개를 산책시키다
6. 식탁을 차리다

B
1. She is cleaning the room.
2. He is vacuuming the floor.
3. She is walking the dog.
4. He is setting the table.
5. She is washing the dishes.
6. He is helping Mom.

PROJECT 1
나와 내 친구 소개하기

예시 My name is Mina.
I am 8 years old.
I am tall and pretty.

예시 This is Tom.
He is 9 years old.
He is strong and smart.

PROJECT 2
물건 설명하기

예시 It is my cup.
It's red and blue.
It's small and new.

예시 It is my ball.
It's yellow and white.
It's big and light.

PROJECT 3
애완동물 소개하기

예시 I have two long ears.
I have a short tail.
I like carrots.
I am a rabbit.

예시 I have two eyes.
I have no legs.
I like swimming.
I am a goldfish.   *goldfish: 금붕어

PROJECT 4
나의 가족 직업 소개하기

예시 This is my sister.
She is a singer.
She can sing well.

예시 This is my brother.
He is a dancer.
He can dance well.

PROJECT 5
요일과 날씨 묻고 답하기

예시 What day is it today?
It's Sunday.
How's the weather today?
It's cloudy.

예시 What day is it today?
It's Friday.
How's the weather today?
It's rainy.

PROJECT 6
쇼핑하기

예시 I want a pink jacket.
I want blue shoes.
I like it.

예시 I want a purple scarf.
I want a red skirt.
I like it.

1회

1 ② 2 ⑤ 3 ② 4 ② 5 ② 6 ④ 7 ③ 8 ④ 9 ②
10 ④ 11 모자 12 ④ 13 ⑤ 14 ③, ⑤ 15 have
16 ① 17 ④ 18 ② 19 ④ 20 yellow 21 t, a, n
22 ③ 23 ③ 24 He is a firefighter. 25 형(오빠)이고
키가 크다.

1 ① mother 어머니 ② pretty 예쁜 ③ father 아버지
④ grandfather 할아버지 ⑤ sister 여자 형제

2 ① banana 바나나 ② elephant 코끼리
③ eraser 지우개 ④ ear 귀 ⑤ hat 모자

3 ① cat 고양이 ② bird 새 ③ lion 사자
④ dog 개 ⑤ hamster 햄스터

4 ① I'm happy. 나는 행복해요.
② I'm sad. 나는 슬퍼요.
③ I'm thirsty. 나는 목이 말라요.
④ I'm hungry. 나는 배가 고파요.
⑤ I'm tired. 나는 피곤해요.

5 ① How's the weather? 날씨는 어때요?
② What's this? 이것은 무엇입니까?
③ Is this your cap? 이것은 네 모자니?
④ How old are you? 몇 살이에요?
⑤ Do you have a pencil? 너 연필 있니?

6 ① My father is a firefighter. 우리 아버지는 소방관이에요.
② My mother is a singer. 우리 어머니는 가수예요.
③ My grandmother is a teacher. 우리 할머니는 교사예요.
④ My grandfather is a cook. 우리 할아버지는 요리사예요.
⑤ My sister is a dancer. 우리 언니는 댄서예요.

7 A: How old are you? 너는 몇 살이니?
B: I am 9 years old. 나는 아홉 살이야.

8 A: How many apples? 사과가 몇 개인가요?
B: Five. 다섯 개요.

9-10
This is Anna. 이 애는 애나예요.
She is tall. 그녀는 키가 커요.
She is funny. 그녀는 재밌어요.

11 A: Is this your bag? 이것은 네 가방이야?
B: No, it isn't. 아니.
A: Is this your cap? 이것은 네 모자야?
B: Yes, it is. 응, 맞아.

12 ① A: What's this? 이것은 무엇인가요?
B: It is a pen. 그것은 펜이에요.
② A: Is it a ball? 이것은 공인가요?
B: Yes, it is. 네, 맞아요.
③ A: How many oranges? 오렌지가 몇 개인가요?
B: Three. 세 개입니다.
④ A: How old are you? 너는 몇 살이니?
B: I am happy. 나는 행복해.
⑤ A: Do you have a ruler? 너는 자가 있니?
B: Yes, I do. 응, 있어.

13 ① Don't feed the animals. 동물한테 먹이를 주지 마세요.
② Don't climb. 올라가지 마세요.
③ Don't enter. 들어가지 마세요.
④ Don't push. 밀지 마세요.
⑤ Don't run. 달리지 마세요.

14 This is my cat. 이것은 나의 고양이에요.
It is clean. 그것은 깨끗해요.
It is soft. 그것은 부드러워요.
I love my cat. 나는 우리 고양이가 좋아요.

15 I have two eyes. 나는 눈이 두 개 있어요.
I have a mouth. 나는 입이 한 개 있어요.
I have four legs. 나는 다리가 네 개 있어요.

16 ① 12 - twelve

17 I am a monkey. 나는 원숭이에요.
I have two ears. 나는 귀가 두 개 있어요.
I have two eyes. 나는 눈이 두 개 있어요.
I have a mouth and a nose. 나는 입이 한 개 그리고 코가
한 개 있어요.
I have a long tail. 나는 긴 꼬리가 하나 있어요.

18 It is a pencil. 그것은 연필이에요.
It is long. 그것은 길어요.
It is brown. 그것은 갈색이에요.

19 ① He has three bananas. 그는 바나나가 세 개 있어요.
② He has two plums. 그는 자두가 두 개 있어요.
③ He has one apple. 그는 사과가 한 개 있어요.
④ He has three pears. 그는 배가 세 개 있어요.
⑤ He has four melons. 그는 멜론이 네 개 있어요.

20 It is yellow. 그것은 노란색이에요.

21 Stand up, please. 일어나세요.

22 How old are you? 몇 살이에요?
How many apples? 사과는 몇 개예요?

23 Don't touch. 만지지 마세요.

Don't push. 밀지 마세요.

Don't run. 뛰지 마세요.

24-25

This is Tony. 이 사람은 토니예요.

He is my brother. 나의 형(오빠)이에요.

He is a firefighter. 그는 소방관이에요.

He is tall. 그는 키가 커요.

2회

1 ② 2 ③ 3 ② 4 ③ 5 ② 6 ① 7 ③ 8 ③ 9 ④
10 ⑤ 11 우유 12 ③ 13 ① 14 ①, ⑤ 15 It 16
③ 17 ⑤ 18 ① 19 ③ 20 Wednesday 21 r, w, n
22 ④ 23 ③ 24 My sister is cleaning the room.
25 설거지를 하고, 진공청소기를 돌리고 있어요.

1 ① salad 샐러드 ② pumpkin 호박 ③ Tuesday 화요일
④ crayon 크레용 ⑤ bread 빵

2 ① windy 바람이 부는 ② snowy 눈이 오는
③ breakfast 아침 식사 ④ rainy 비가 오는
⑤ cloudy 구름 낀

3 ① tennis 테니스 ② cake 케이크 ③ jacket 재킷
④ shoes 신발 ⑤ water 물

4 ① Let's play tennis. 우리 테니스 하자.
② Let's play soccer. 우리 축구 하자.
③ Let's play basketball. 우리 농구 하자.
④ Let's play baseball. 우리 야구 하자.
⑤ Let's play volleyball. 우리 배구 하자.

5 Do you like steak? 당신은 스테이크를 좋아해요?
① She can ski. 그녀는 스키를 탈 수 있어요.
② Yes, I do. 네, 좋아해요.
③ Yes, I can. 네, 저는 할 수 있어요.
④ Sorry, I can't. 미안하지만 안돼.
⑤ It's Sunday. 일요일이에요.

6 Can I _____? ~해도 되나요?
① sit here 여기에 앉다
② touch it 그것을 만지다
③ use it 그것을 사용하다
④ borrow it 그것을 빌리다

⑤ taste it 그것을 맛보다

7 A: How much is it? 이것은 얼마예요?
B: The hair band is 300 won. 머리띠는 300원이에요.

8 A: Where is the dog? 개는 어디 있어요?
B: It is in the box. 그것은 상자 안에 있어요.

9-10

This is my mom. 이 사람은 우리 엄마예요.

She can cook. 그녀는 요리를 할 수 있어요.

She can paint like dad. 그녀는 아빠같이 그림을 그릴 수
있어요.

11 A: Do you like juice? 너는 주스를 좋아하니?
B: No, I don't. I like milk. 아니요. 나는 우유를 좋아해요.

12 ① A: How's the weather today? 오늘 날씨가 어때요?
B: It is foggy. 안개가 끼었어요.
② A: Where is my bag? 내 가방은 어디에 있어요?
B: It's on the desk. 그것은 책상 위에 있어요.
③ A: How much is it? 그것은 얼마예요?
B: It is soft. 그것은 부드러워요.
④ A: Let's play tennis. 우리 테니스하자.
B: Sorry, I can't. I'm busy. 미안해요. 나는 바빠요.
⑤ A: Do you want some ice cream? 아이스크림 먹을래?
B: Yes, please. 응.

13 What are you doing? 너 뭐하고 있어?
I'm drawing a picture. 나는 그림을 그리고 있어.

14 What do you want? 너는 무엇을 갖고 싶니?
I want a jacket. 나는 재킷을 갖고 싶어.
I want shoes. 나는 신발을 갖고 싶어.

15 It is Monday. 월요일이에요.
It is windy. 바람이 불어요.
It is on the chair. 그것은 의자 위에 있어요.

16 ③ carrot - 당근

17 I like vegetables. 나는 야채를 좋아해요.
I like potatoes. 나는 감자를 좋아해요.
I like pumpkins. 나는 호박을 좋아해요.
I like onions. 나는 양파를 좋아해요.
I like tomatoes. 나는 토마토를 좋아해요.

18 A: How's the weather today? 오늘 날씨가 어때요?
B: It's sunny today. 오늘은 화창해요.

19 ① It's in the box. 그것은 상자 안에 있어요.
② It's on the chair. 그것은 의자 위에 있어요.
③ It's on the table. 그것은 탁자 위에 있어요.

④ It's on the bed. 그것은 침대 위에 있어요.

⑤ It's under the chair. 그것은 의자 아래 있어요.

20 It's Wednesday. 수요일이에요.

21 She is drawing a picture. 그녀는 그림을 그리고 있어요.

22 Let's play tennis. 테니스를 치자.

I'm playing the piano. 나는 피아노를 치고 있어요.

23 I am listening to music. 나는 음악을 듣고 있어요.

I am very happy. 나는 아주 행복해요.

24-25

My dad is washing the dishes.

나의 아빠는 설거지를 하고 있어요.

My brother is vacuuming the floor.

나의 오빠는 진공청소기로 바닥을 청소하고 있어요.

My sister is cleaning the room.

나의 언니는 방을 청소하고 있어요.